IGCSE 0523 & IBDP Chinese B S

FUTURE 1

展望

吴星华

编著

扫描二维码或登录网站 www.chinesemadeeasy.com/future1 聆听录音。
Scan the QR code or log in to listen to the recording.

Preface
前 言

《展望》是一套为有一定中文基础的学习者编写的国际中文教材，主要适合学习 IGCSE 中文作为第二语言（0523）和 IBDP 中文 B 普通课程（SL）的学生使用。

本套教材共两册，旨在通过对相关主题和语言文本的学习，培养学生的语言能力、概念性理解能力，加强学生对中华文化的认识和对多元文化的理解。通过学习本书，发展学生的接受技能、表达技能和互动交流技能。

Future is a set of international Chinese coursebooks written for learners with a certain Chinese foundation. It is chiefly applicable for students who are learning IGCSE Chinese as a Second Language (0523) and IBDP Chinese B Standard Level (SL) courses.

The set of coursebooks includes two volumes, aimming at enhancing language skills, conceptual understanding, and strengthening students' perception of Chinese culture and multi-culture through the study of related topics and texts. Moreover, students' receptive skills, expression skills and communication skills will be developed by studying the series of books.

教材特色 Coursebook Features

学习目标

明确每课听、说、读、写的具体学习目标，全面培养四项技能。
Clarify the specific goals of listening, speaking, reading and writing in each lesson, then cultivate them comprehensively.

课文

紧扣 IGCSE 0523 和 IBDP 中文 B 的新大纲，题材丰富，体裁多样。
Texts are closely aligned with the latest test syllabus of IGCSE 0523 and IBDP Chinese B courses with various perspectives and text types.

生词短语

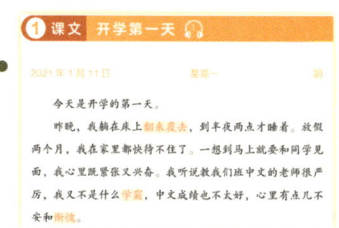

选取了使用频率高、交际性强的词语，符合学生的实际需要。
Vacabulary selected is high frequently used and practical communicative which meets students' needs.

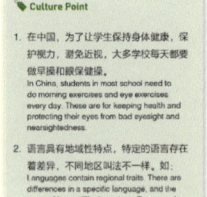

文化提示

选取典型的中国文化现象加以说明,加强学生对中华文化的感知与理解。

Explain the typical phenomena of Chinese culture to reinforce the students' perception and understanding on Chinese culture.

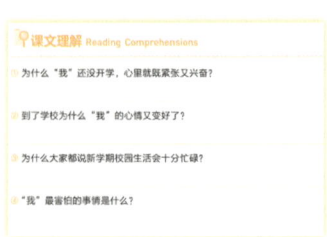

课文理解

针对课文内容提出相应的问题,考察学生对课文的理解程度。

Inspect students' comprehension level of the text by asking students the corresponding questions.

概念与拓展理解

结合课文,基于概念提出拓展问题,培养学生的概念性理解能力。

Students are able to learn conceptual comprehension skills by answering the extended questions based on the concepts in the text.

语法重点

重视语法,对语法点进行了细致的讲解。

Detailed explanations on grammar points are included.

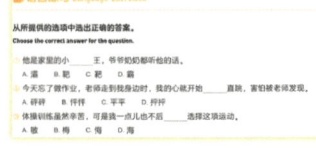

语言练习

设计了丰富的语言练习,以巩固所学内容,考察学生对语言知识的掌握情况。

A variety of language exercises are designed to reinforce what students have learned, and inspect how much they have learned.

口语训练

提供 IGCSE 0523 和 IBDP 中文 B SL 考试的口语材料和口试技巧,培养学生在特定语境下互动交流的能力。

Oral presentation materials and skills related to IGCSE 0523 and IBDP Chinese B SL are provided to help students improve the ability on interaction and communication in particular contexts.

阅读训练

提供 IGCSE 0523 和 IBDP 中文 B SL 考试的阅读材料、练习题目和阅读技巧，培养学生理解不同类型文本的能力。

Reading materials, exercises, and skills related to IGCSE 0523 and IBDP Chinese B SL are provided to cultivate students' abilities to comprehend different types of texts.

听力训练

提供 IGCSE 0523 和 IBDP 中文 B SL 考试的听力材料、练习题目和听力技巧，培养学生的中文聆听能力。

Listening materials, exercises, and skills related to IGCSE 0523 and IBDP Chinese B SL are provided to cultivate students' listening ability.

写作训练

覆盖 IGCSE 0523 和 IBDP 中文 B SL 考试的所有写作文本格式，提供写作技巧，指导学生针对不同的目的进行写作。结合不同的文本类型、语体和语气，培养学生的概念性理解能力。

In accordance with all the writing formats of the IGCSE 0523 and IBDP Chinese B SL, the coursebooks contain the skills and techniques to guide students to write articles on various themes. By combining different types of text, styles, and tones, students will improve their conceptual understanding abilities.

录音

扫描二维码或登录网站 www.chinesemadeeasy.com/future1 聆听录音。

Scan the QR code or log in to listen to the recording.

Scope and sequence

Contents 目录

Unit 1 My personal world 个人世界 /5

- **Lesson 1** School life 校园生活 /7
- **Lesson 2** Youth life 青年生活 /29
- **Lesson 3** Home life 家庭生活 /51

Unit 2 Our world 我们的世界 /79

- **Lesson 4** The evolution of language 语言的演变 /81
- **Lesson 5** Language and identity 语言与身份认同 /104
- **Lesson 6** Communication and media 交流与媒体 /129

Unit 3 The world around us 同一个世界 /155

- **Lesson 7** Famous places 风景名胜 /157
- **Lesson 8** Travel 旅行 /179
- **Lesson 9** Urban and rural life 城乡生活 /203

Appendix — Transcript 录音文本 /229

Scope and sequence

章节		内容	语言点	阅读法	写作法	文体	文化
Unit 1 My personal world 个人世界	Lesson 1 School life 校园生活	课文一	开学第一天	时间量词：才、就			
		课文二	迎新活动	钟点的表达		日记	早操和眼保健操
		阅读训练一	中学生申请表		根据上下文推测词语词的意思	如何写日记	语言的地域性
		阅读训练二	同伴压力		浏览式阅读法		
		听力训练一	校园生活				
		听力训练二	逃学王变学霸				
	Lesson 2 Youth life 青年生活	课文一	树立正确的价值观	并列关系复句			
		课文二	友情	程度补语		演讲稿	马云
		阅读训练一	如何应对中学生网瘾问题		通过标题了解段落主要内容	如何写好演讲稿	
		阅读训练二	亚文化——漫画		通过关键句，找出段落大意		
		听力训练一	青年生活				
		听力训练二	Z时代的人				
	Lesson 3 Home life 家庭生活	课文一	给孩子的一封信	把字句			
		课文二	建立良好的亲子关系	正反疑问句		书信	孝顺
		阅读训练一	问答卷		理解题目	如何写好书信	
		阅读训练二	回家的感觉真好				
		听力训练一	家庭生活				
		听力训练二	我该怎么办				

1

Scope and sequence

	章节	内容	语言点	阅读法	写作法	文体	文化
Lesson 4 The evolution of language 语言的演变	课文一	中文难学吗	动词 + 一下		片段式结构	介绍性文章	文字的由来和演变
	课文二	请求关注校园网络用语问题	人称代词				
	阅读训练一	为什么要简化汉字		略读法			
	阅读训练二	网络语言					
	听力训练一	学中文					
	听力训练二	中国人为什么使用汉字					
Lesson 5 Language and identity 语言与身份认同	课文一	中文真难学	结构助词：的、地、得	通读法	如何写好电子邮件的开头	电子邮件	汉语水平考试，打招呼
	课文二	留住远去的方言	动词重叠				
	阅读训练一	全球汉语热		了解段落之间的并列结构			
	阅读训练二	世界母语日嘉年华					
	听力训练一	语言与歧视					
	听力训练二	如何在中国学标准的普通话					
Lesson 6 Communication and media 交流与媒体	课文一	广告宣传的作用	数量词		如何写好议论文	论文	/
	课文二	如何让广告更有吸引力	指示代词				
	阅读训练一	世界各国如何应对假新闻					
	阅读训练二	真心馅饼礼盒		区分广告中的事实信息和宣传用语			
	听力训练一	讲华语运动					
	听力训练二	老人花钱买不适					

Unit 2 Our world 我们的世界

Scope and sequence

单元	章节		内容	语言点	阅读法	写作法	文体	文化
Unit 3 The world around us 同一个世界	**Lesson 7** Famous places 风景名胜	课文一	600岁的故宫	目的复句				
		课文二	台湾日月潭的由来	形容词重叠				
		阅读训练一	建筑与水		如何对文章进行细读	前后照应法	论坛	故宫
		阅读训练二	香港的风景名胜					
		听力训练一	长城守护人					
		听力训练二	风景名胜现状					
	Lesson 8 Travel 旅行	课文一	北京自助游	方位名词				
		课文二	台湾生态旅游	动量词				
		阅读训练一	休闲旅游吧		通读法	总分总的介绍方法	博客	胡同
		阅读训练二	新加坡美食旅游					
		听力训练一	文明旅游					
		听力训练二	旅行新方式					
	Lesson 9 Urban and rural life 城乡生活	课文一	城市让生活更美好	条件关系复句				
		课文二	城市好还是农村好	比字句				
		阅读训练一	城市生活的压力		如何提高阅读速度	如何写好访谈稿	访谈	中国的农村
		阅读训练二	农村生活面临的问题					
		听力训练一	我喜欢农村生活					
		听力训练二	在城市生活，我失去了什么					

3

My personal world
个人世界

Unit

Lesson 1 — **School life**
校园生活

Lesson 2 — **Youth life**
青年生活

Lesson 3 — **Home life**
家庭生活

Lesson 1

School life
校园生活

导入 Introduction

校园生活丰富多彩，每天都会发生很多有趣的故事。这一单元将带领大家走进校园生活，探索学生的内心世界，熟悉学校的各种设施，了解学校各项规章制度，学会如何和同学相处，以及明白互相尊重、互帮互助的重要性。

School life is full of variety with lots of interesting things ongoing every day. In this unit, you will get to know the school life, explore the inner world of a student, be familiar with the various facilities in school, learn different kinds of rules and regulations, and know how to get along with your classmates, at last, realize the importance of mutual respect and help.

学习目标 Learning Targets

阅读 Reading

- 利用上下文来推测词语的大概意思。
  Ascertain the meanings of words based on the context.

- 能通过"浏览式阅读法"掌握文章大意。
  Understand the main ideas of an article through the reading method "browsing".

口语 Speaking

- 能根据主题联系个人经历做口头表达。
  Make an oral expression with your personal experiences that related to a theme.

- 能根据图片表明自己的论点和看法。
  Present your points of view according to pictures.

听力 Listening

- 能听出不同背景的说话者在表达上的差异。
  Distinguish the differences in dialogues among the speakers with different backgrounds.

写作 Writing

- 学会用日记记录生活中的所见所闻。
  Learn to record your daily life in a diary.

生词短语

fān lái fù qù
翻来覆去 toss and turn

xué bà
学霸 straight A student

cán kuì
惭愧 ashamed

miàn kǒng
面孔 face

xìng gāo cǎi liè
兴高采烈 cheerful

pēng pēng
怦怦 thump

hòu huǐ
后悔 regret

máng lù
忙碌 busy

yìng fu
应付 deal with

kǒu yīn
口音 accent

hōng táng dà xiào
哄堂大笑 burst into laughter

fáng huǒ yǎn xí
防火演习 fire drill

zhǐ huī
指挥 command

tuō lí
脱离 break away from

liáng hǎo de kāi shǐ, shì chéng gōng de yī bàn.
良好的开始，是成功的一半。
Well begun is half done.

dú lì
独立 independent

qī dài
期待 expect

1 课文 开学第一天

2021年1月11日　　　　星期一　　　　阴

今天是开学的第一天。

昨晚，我躺在床上翻来覆去，到半夜两点才睡着。放假两个月，我在家里都快待不住了。一想到马上就要和同学见面，我心里既紧张又兴奋。我听说教我们班中文的老师很严厉，我又不是什么学霸，中文成绩也不太好，心里有点儿不安和惭愧。

我今天一大早六点半就到学校了。到了校门口，看到了好久不见的学校、教室、餐厅，还有很多熟悉的面孔。校长和老师们都在校门口亲切地迎接我们，我的心情一下好起来了。当我冲到教室门口，发现很多同学都已经在教室里了。他们正兴高采烈地谈论着自己的假期生活。一见到我，大家就抱在一起，大声叫喊着，高兴极了！

上课铃声响了，班主任走进了教室。不看不知道，一看

8 ● My personal world 个人世界

吓一跳。他就是大家所说的那个非常严厉的中文老师。我的心怦怦地跳了起来，真后悔以前没有好好学中文。而且，新的学年我们有很多新的科目要学，怎么办呀？听说还有很多功课和活动，每天还要做早操和眼保健操。这么多事情要做，难怪大家都说新学期校园生活会十分忙碌。我真担心自己应付不了。我最害怕的事情发生了。那个严厉的班主任说的普通话有北京口音，我听不太懂。我觉得还是新加坡的华文老师说的华语更好听，有点儿像台湾的国语。真搞不懂班主任为什么每个词都要加个"儿"。我也试着学他说话，"老师好儿，我是新生儿。"同学们都哄堂大笑，我也跟着笑起来。

　　学校还安排了一场防火演习。在演习中，老师指挥同学们冲出教室，我也安全地脱离了"危险"。

　　良好的开始，是成功的一半。我觉得我应该对自己有信心，慢慢学会独立生活。尽管新学期的学习任务加重了，但是我要从现在就开始努力学习，顺利完成我的学习目标。我对新的校园生活充满期待，而此时的心情也慢慢放松下来，没有那么紧张了。

> **Culture Point**
>
> 1. 在中国，为了让学生保持身体健康，保护视力，避免近视，大多学校每天都要做早操和眼保健操。
>   In China, students in most school need to do morning exercises and eye exercises every day. These are for keeping health and protecting their eyes from bad eyesight and nearsightedness.
>
> 2. 语言具有地域性特点，特定的语言存在着差异，不同地区叫法不一样。如：
>   Languages contain regional traits. There are differences in a specific language, and the name of it can differ in regions. For example:
>
> | 中国大陆
Mainland China | 中国香港
Hong Kong, China |
> |---|---|
> | 普通话、汉语
Putonghua (the common language), Hànyǔ (the Han language) | 普通话
Putonghua |
> | 中国台湾
Taiwan, China | 新加坡
Singapore |
> | 国语
Guóyǔ (the national language) | 华语
Huáyǔ (the Chinese language) |

Lesson 1: School life 校园生活

语法重点 Key Points of Grammar

时间副词：才、就　　The Adverbs of Time: 才 and 就

① "才"表示说话人认为动作发生的时间晚、时间长、不容易、不顺利等。
Indicate that the occurrence of an action is later or longer than the speaker expected, also it refers to an action that is not easy or not going well.

Structure　数量词 / 时间词 + 才 + 动词　　measure words / words of time + 才 + verb

E.g.　● 小乐到半夜两点才睡着。Xiao Le didn't get to sleep until 2 a.m..

② "就"表示说话人认为动作发生的时间早、时间短、容易、顺利等。
Indicate that the occurrence of an action is sooner or shorter than the speaker expected, also it refers to an action that is easy or going well.

Structure　数量词 / 时间词 + 就 + 动词　　measure words / words of time + 就 + verb

E.g.　● 我六点半就到学校了。I arrived school at 6:30.

课文理解 Reading Comprehensions

① 为什么"我"还没开学，心里就既紧张又兴奋？

② 到了学校为什么"我"的心情又变好了？

③ 为什么大家都说新学期校园生活会十分忙碌？

④ "我"最害怕的事情是什么？

⑤ 从课文里找出描写"我"心情的句子，填在下面的表格里。

开学前	开学第一天	第一天结束后

My personal world 个人世界

概念与拓展理解 Concepts and Further Understanding

① 课文一的写作对象是谁？写作对象不同的话，文章的语气也会不一样吗？
Who is the target audience in text 1? Will the tone of a passage be changed according to different target audience?

② "我"是如何描述开学第一天的校园生活的？
How does the narrator "I" describe the school life on the first day?

③ 文章为什么用"我"来叙述开学第一天？可以用"你"或者"他"吗？
In the passage, why does the author use "I" as the narrator? Is it acceptable to use "you" or "he" as the narrator?

④ 为什么学校要求学生做早操和眼保健操？你认同这样的规定吗？
Why schools request students to have morning exercises and eye exercises? Do you agree with these regulations?

⑤ 为什么大家说话的腔调会不同呢？只有普通话才算标准华语吗？
Why people have different accents? Is only speaking Putonghua considered as standard Chinese language?

语言练习 Language Exercises

从所提供的选项中选出正确的答案。
Choose the correct answer for the question.

① 他是家里的小_____王，爷爷奶奶都听他的话。
　A. 灞　　B. 靶　　C. 耙　　D. 霸

② 今天忘了做作业，老师走到我身边时，我的心就开始_____直跳，害怕被老师发现。
　A. 砰砰　　B. 怦怦　　C. 平平　　D. 抨抨

③ 体操训练虽然辛苦，可是我一点儿也不后_____选择这项运动。
　A. 敏　　B. 梅　　C. 悔　　D. 海

Lesson 1: School life 校园生活 11

④ 上课玩儿手机，被老师批评后，我_____地低下了头。
   A. 渐愧   B. 斩鬼   C. 惭槐   D. 惭愧

⑤ 我们老师一天到晚总是十分忙_____。
   A. 录   B. 碌   C. 绿   D. 路

选出与下列划线词语意思相同的选项。
Choose the synonyms of the underlined words below.

⑥ 我的语文老师讲话带着福建<u>口音</u>，因为她是从厦门来的。 □
   A. 味道   B. 腔调   C. 方言   D. 口水

⑦ 爸爸妈妈<u>期待</u>我读完中学后，能考上名牌大学。 □
   A. 等候   B. 许愿   C. 梦想   D. 希望

⑧ 大学毕业后，我希望自己能<u>独立</u>，不再跟父母要钱。 □
   A. 不依靠他人   B. 独自一人   C. 离开父母   D. 单独站立

选择正确的词语填空。
Fill in the blanks with the correct words.

> 面孔　防火演习　指挥　脱离　翻来覆去　兴高采烈　哄堂大笑　应付

⑨ 这个_____看起来很熟悉，可是我还是想不起来在哪里见过。
⑩ 老师讲的故事生动、幽默，逗得大家_____。
⑪ 游客们登上山顶观看日出，个个_____。
⑫ 作为球员，要听从教练的_____，不可以自己想干什么就干什么。
⑬ 他被车撞了，经过医生的治疗，总算_____了危险。
⑭ 学校每年都要组织学生进行_____，我们都知道着火了往哪里跑。
⑮ 老师对同一个问题_____讲了很多遍，但我还是听不懂她在讲什么。
⑯ 做作业不是为了_____老师的检查，要认真做。

判断下面"才/就"的使用是否正确，如果错误请订正。
Determine whether the words "才" and "就" in the following sentences are used appropriately or not, and correct them if there is any mistake.

⑰ 我好不容易才买到票。　⑱ 我很容易才买到电影票了。
⑲ 我排队排了好久就买到饭。　⑳ 她七岁才上幼儿园。
㉑ 我一会儿才做完作业了。　㉒ 我很快才跑到车站了。　㉓ 他十三岁就上大学了。

课堂活动 Class Activities

宾果游戏 Bingo

上课之前，让我们先做一下热身，互相了解对方。
Before we start, let's get to know each other by having some warm-up exercises.

是素食者	和你住在同一个小区的	和你喜欢同一种颜色的	和你同一个月份出生的	喜欢摄影的
小学和你同一个学校的	和你有共同爱好的	曾经去过中国的	至少会玩儿一种乐器	和你同样血型的
家里有宠物的	有兄弟姐妹的	睡觉前喜欢看书的	和你同一个星座的	觉得学校餐厅的饭菜好吃的
每周坚持户外运动的	和你一样喜欢同一个科目的	喜欢看漫画的	和你同姓的	可以说三种语言以上的，包括三种

口语训练 Speaking Tasks

第一部分 根据主题"校园生活"，做2-3分钟的口头表达。做口头表达之前，先根据提示写大纲。Make a 2-3 minutes oral presentation on the theme "school life". Before you start, use the form below to make an outline.

大纲 Outline	内容 Content
观点 Perspectives	
事例 Examples	
名人名言 Famous quotes / 熟语 Idioms	
经历 Experiences	
总结 Summary	

Tips

你可以按照"观点—事例—名人名言/熟语—经历—总结"的顺序准备大纲，来提示口头表达的思路。

You can follow the structure (Perspectives-Examples-Famous quotes / Idioms-Experiences-Summary) to prepare your outline. It can help you adjust the mindset of your expression.

第二部分 回答下面的问题。Answer the following questions.

① 你最喜欢的学校课外活动是什么？
② 你最不喜欢哪个科目？为什么？
③ 有的学校要求学生打扫教室，对这件事你怎么看？
④ 你的班级制定违章制度吗？你同意这样的做法吗？
⑤ 你喜欢你的班级吗？为什么？

Lesson 1：School life 校园生活

2 课文 迎新活动

生词短语

fēng fù duō cǎi
丰富多彩 rich and colorful

xiào xùn
校训 school motto

bó xué
博学 erudite

tuán jié
团结 united

chuàng xīn
创新 creative

dā jiàn
搭建 construct

tiǎo zhàn
挑战 challenge

hù bāng hù zhù
互帮互助 help each other

shēng qí
升旗 flag raising

zhì cí
致辞 make a speech

duō gōng néng tīng
多功能厅 multi-functional hall

pò bīng huó dòng
破冰活动 ice-breaking activities

xiào guī
校规 school regulations

shè shī
设施 facility

fǔ dǎo shì
辅导室 guide room

shí yàn shì
实验室 laboratory

guǎng chǎng
广场 square

guī shǔ gǎn
归属感 sense of belonging

亲爱的同学们：

新学期开始了，我是你们的校长，很高兴能有机会跟大家介绍丰富多彩的开学活动。开学活动的主题是"同一个声音"。这一主题是来自我们学校的校训"博学、团结、创新"，目的是为同学搭建友谊之桥，希望大家在面对挑战时，能发扬互帮互助的精神。在这次开学活动中，你将有机会认识更多的同学。你们的班主任和老师也将和你们一起度过这个特别的开学活动。由于我们学校今年刚搬到新的地址，所以班主任也会带领你们熟悉新的校园环境。

第一天的迎新活动安排如下：

时间	活动	地点
7:15	升旗、校长致辞	多功能厅
8:00	破冰活动、校规说明会	礼堂
10:05	休息	食堂
10:45	参观校园设施、熟悉新环境	图书馆、室内体育馆、戏剧厅、舞蹈室、辅导室、艺术工作室、实验室、游泳池
12:35	午餐	食堂
13:50	课程说明会	教室
14:30	课外活动介绍	广场
15:20	结束	教室

同学们，校园生活是令人激动、充满机会和挑战的集体生活，也是你们学习独立生活的开始。我希望通过这一周的活动，你们能全身心投入，融入集体，遵守学校校规，逐步建立起对学校的归属感。

最后，希望同学们能手牵手，心连心，一步一个脚印，一起完成这次丰富多彩的开学活动。

谢谢！

🔍 语法重点 Key Points of Grammar

钟点的表达 How to Express Time in Chinese

2:00	两点 2 o'clock	7:30	七点三十分 seven thirty 七点半 half past seven
10:05	十点零五分 five past ten	10:45	十点四十五分 ten forty-five 十点三刻、差一刻十一点 a quarter to eleven
7:15	七点十五分、七点一刻 a quarter past seven	1:50	一点五十分 one fifty 差十分两点 ten to two

📍 课文理解 Reading Comprehensions

① 这篇文章主要讲了什么？

② 为什么要举办开学活动？

③ 学校的校训是什么？

④ 为什么要参观校园？

⑤ 新学校的设施有哪些？

☁️ 概念与拓展理解 Concepts and Further Understanding

① 课文二属于什么文体？ What is the text type of text 2?

② 课文二的写作对象是谁？ Who is the target audienc of text 2?

③ 文章的语气是压抑，阳光，还是鼓舞人的？ Is the tone of the text depressing, positive, or inspiring?

16　● My personal world 个人世界

④ 你喜欢这样的开学活动吗？为什么？ Do you like these first-day activities? Why?

⑤ 你们学校的校训是什么？你觉得为什么要有校训？
What is the motto of your school? What are the concerns for having school mottos?

语言练习 Language Exercises

把下面的词语组成正确的词组。 Connect the corresponding words below to form a correct phrase.

① 破冰　　　自我　　　② 团结　　　桥梁
　 遵守　　　校规　　　　 搭建　　　一致
　 挑战　　　活动　　　　 升旗　　　典礼

从生词表里找出下列词语的同义词。 Find the synonyms of the following words in the vocabulary list.

③ 多才_____　④ 发言_____　⑤ 五花八门_____

从生词表里找出下列词语的反义词。 Find the antonyms of the following words in the vocabulary list.

⑥ 守旧_____　⑦ 孤独感_____　⑧ 自私自利_____

选择正确的词语填空。 Fill in the blanks with the right words.

| 校训　　多功能厅　　破冰活动　　设施　　辅导室　　实验室　　广场 |

⑨ 小区的大妈们每天一大早就在楼下的_____跳舞，害得我每天都不能睡懒觉。
⑩ 中学的学校_____比小学多太多了，我们能去不同的地方做不同的活动。
⑪ 我的父母常常吵架，在家都不能学习，我得去_____找心理老师谈谈该怎么和父母沟通。
⑫ 听说今天_____着火了，因为有一个中一的新生上科学课时，不小心把火点着了。
⑬ 每天的晨会都会在_____举行，同学们可以了解学校最新的信息。
⑭ 开学第一天通常不上课，老师都会准备一些_____，让同学们有机会互相接触。
⑮ _____是广大师生共同遵守的基本行为准则，是学校办学理念和治校精神的反映。

用中文说出下面的时间。 Say the following time in chinese.

⑯ 12:00　6:05　1:15　2:20　2:50　11:45　3:30

Lesson 1 : School life 校园生活 ● 17

课堂活动 Class Activities

画一画，说一说 Draw and share

熟悉学校环境。请在下面的方框里简要地画出你们学校的各种设施，向同学们介绍每个设施的用途，并说说你最喜欢哪一个设施，为什么。

Be familiar with the environment of the school. Please draw pictures of the facilities of your school in the box below. Introduce the functions of every facilities to your classmate, and talk to each other about your favorite and why.

> **E.g.**
> - 实验室：同学们在这里做科学实验。
>   Laboratory: Classmates carry out their experiments there.

口语训练 Speaking Tasks

第一部分 根据图片，做 3-4 分钟的口头表达。做口头表达之前，先根据提示写出大纲。

Make a 3-4 minutes oral presentation based on the picture. Before you start, use the form below to make an outline.

大纲 Outline	内容 Content
图片内容 Information of the picture	
图片主题 Theme of the picture	
提出观点 Make your points	
延伸个人经历 Relate to personal experiences	
名人名言 Famous quotes / 熟语 Idioms	
总结 Summary	

My personal world 个人世界

第二部分　回答下面的问题。Answer the following questions.

① 你认为校园生活重要吗？
② 有些家长选择让孩子在家学习，你赞同这样的做法吗？
③ 有些国家分男校和女校，你赞同这样的做法吗？为什么？
④ 有些同学觉得开学活动很浪费时间，没有意义，你怎么看？
⑤ 有些人认为考试科目比较重要，不应该再浪费时间学艺术课程，你怎么看？

Tips

针对图片做口头表达时，最主要的是清楚地表达你的观点和态度，并结合自己的个人经历来延伸。

When you try to remark in connection with the picture, the primary target is to express your points of view and attitude clearly, then combine your own experience to have an extension.

技能训练 Skill Tasks

阅读训练 Reading Tasks

文章 1 ｜ 中学生申请表

仔细阅读下面的短文，然后回答问题。
Read the passage carefully and answer the following questions.

　　林宏达是在英国读书的中国留学生。因为最近父亲到香港工作，所以他跟着父亲转到香港英皇学校读中学一年级。

　　香港英皇学校在七到九年级采用国际文凭（IB）中学项目（MYP）课程，到十、十一年级则学习英国剑桥大学创立的国际中学教育课程（IGCSE）。学校的校训是"诚先于荣"。在林宏达父亲林道明看来，诚实是做人、做学问的根本。学校不仅是传授知识和技能的场所，更应该是教人诚实、端正的地方。因此，他一点儿也没有思考，毫不犹豫地为宏达选择了这所学校。林宏达的母亲陈小芬也喜欢英皇学校，因为它有五十米的游泳池、草地足球场、戏剧训练室和十栋教学楼，为学生提供了良好的成长环境。

林宏达于2007年10月16日在上海出生，从小跟随父母到英国生活，小学在英国德威国际学校学习。他是独生子，没有兄弟姐妹。但因为从小在国外生活，独立性很强，什么事情都不依靠别人，全部自己做。所以，转学到香港英皇学校对林宏达来说问题不大。

　　今天是林宏达第一天到学校上课。他觉得这里的班级人数少，上课气氛比较轻松。但是作业很多，特别是中文课，老师要求每天抄写汉字，这让林宏达有点儿应付不了。可能是因为中学需要考试吧。虽然父母都是中国人，他也考过汉语YCT三级，但是在英国小学学中文，不需要会写汉字。

　　另外，英皇学校还提供了很多课外活动，比如曲棍球、足球、击剑、艺术体操和花样游泳。林宏达的特长是踢足球，他说他要争取做足球队长。

　　林宏达毕业后还是想回英国读大学，学习经济。如果读得好，就选择剑桥大学，不行的话，牛津大学也可以。毕业后，他打算先去新加坡找工作，因为那里的双语工作环境会比较适合他。

假设你是林宏达，根据以上短文，填写中学生登记表。
If you were Lin Hongda, fill in the registration form according to the passage provided.

中学生登记表

① 姓名：	② 性别：	③ 出生年月：
④ 出生地：	⑤ 国籍：	⑥ 母语：
⑦ 父亲：	⑧ 母亲：	⑨ 兄妹：
⑩ 小学学校：	⑪ 特长：	⑫ 中文水平：
⑬ 申请学校：		⑭ 申请年级：
⑮ 选择本校的原因：		
⑯ 毕业后打算：		

> **Tips**
>
> 在阅读过程中，碰到不懂的词语，不要担心，有时候你可以利用上下文来推测词语的大概意思。
>
> During reading, don't be afraid of words you don't understand. Sometimes you can use the context to guess the approximate meaning of words.
>
> 例如：他是独生子，没有兄弟姐妹。但因为从小在国外生活，<u>独立性</u>很强，什么事情都不依靠别人，全部自己做。
>
> 通过"独立性"后面的句子说"什么事情都不依靠别人，全部自己做"，可以推测"独立性"是"不依赖别人"的意思。
>
> For example: "He is the only child and has no brothers or sisters. Since he grew up abroad, he is very independent and he does everything himself and never rely on others."
>
> Through the sentence behind "independence" saying "does nothing depends on anyone, does it all by himself", it can be speculated that "independence" means "does not depend on anyone".
>
> 请写出下列划线词语在文章中的意思。
>
> Write down the meaning of the underlined words below.
>
> ① 因此，他一点儿也没有思考，<u>毫不犹豫</u>地为宏达选择了这所学校。_____
>
> ② 他是<u>独生子</u>，没有兄弟姐妹。_____

文章 2 ｜ 同伴压力

❶ 　　进入中学后，你会发现你的同学各个方面都很优秀，【-4-】学习成绩好，体育、音乐也很棒。【-5-】，你开始怀疑自己，这说明你感受到了"同伴压力"。今天我们邀请了辅导员林老师来学生会和我们谈谈关于同伴压力的问题。

❷ 　记　【-1-】

　　林　同伴压力是【-6-】希望被同伴认可，怕被排挤而产生的心理压力。现今社会，每个人都会受到来自同伴的各方面压力，【-7-】认为：许多人都是成功的，只有自己不够成功。

Tips

浏览式阅读法
Reading Method: Browsing

浏览式阅读法就是粗略地看一遍文章，就可以抓住文章段落的重点和主要内容。

平时在做阅读时，可以用浏览式阅读法阅读文章，从题目和段落入手，了解文章每个段落的主要内容。对于采访式的文章，浏览式阅读法也有助于帮助我们快速找出采访问题。

Browsing is a technique that you can catch the main content and overall idea of an article after reading it once in rough.

When we are reading, try to apply this technique. Stare from the title and topic sentences of the paragraph, which can help us understand the main content of each paragraph. As for the interview articles, browsing can also help find out the interview question.

---

❸ 记 【-2-】

林 一方面，同伴压力会带来负面影响。【-8-】当你的学习成绩比不上周围同学时，你会怀疑自己不够好。【-9-】，同伴压力可以增强自信。比如原来你并不喜欢数学，【-10-】你周围的同学数学都很厉害，你会对"学好数学"感到更自信，【-11-】，同伴压力会让我们进步。

❹ 记 【-3-】

林 首先，要改变心态。不要错误地认为"同伴压力是因为自己见不得别人好"。要告诉自己："我不是见不得别人好，我只是希望和他们一样好。"其次，多向优秀的同伴学习，比如学习他们的演讲方式和学习方法等。最后，要告诉自己不可能在每个方面都赢过别人，多用平和的心态去面对竞争。

❺ 记 是的，即使是再成功的人，也会有"比不过别人"的时候。希望同学们在面对同伴压力时，不要盲目竞争或者选择逃避，而是应该勇敢地面对它，把同伴压力变成动力。

改编自：https://baike.baidu.com/tashuo/browse/content?id=0973544b77159126d67cdc0d

---

根据文章2，选出相应的的采访问题，把答案写在横线上。

According to passage 2, choose the corresponding interview questions and write the answers on the lines.

① [-1-] _____ A. 同伴压力有好有坏，我们要如何更好地应对同伴压力？
② [-2-] _____ B. 同伴压力会给我们造成怎样的影响？
③ [-3-] _____ C. 您觉得为什么会出现同伴压力呢？
　　　　　　　　D. 您能跟我们谈谈什么是同伴压力吗？
　　　　　　　　E. 同伴压力有哪些表现呢？

根据 ❶-❸，从下面提供的词汇中，选出合适的词语填空。
Choose the suitable words in the box according to ❶-❸ above.

因为　当然　也　甚至　可是　理由　也就是说　却　不但　比如　于是　另一方面

④ [-4-]_____　⑤ [-5-]_____　⑥ [-6-]_____　⑦ [-7-]_____
⑧ [-8-]_____　⑨ [-9-]_____　⑩ [-10-]_____　⑪ [-11-]_____

根据 ❹、❺，填写下面的表格。Complete the boxes according to ❹-❺.

在句子里	这个字／词	指的是
⑫ 比如学习<u>他们</u>的演讲方式和学习方法等……	"他们"	
⑬ 而是应该勇敢地面对<u>它</u>……	"它"	

根据 ❹、❺，选出五个正确的叙述。把答案写在横线上。
According to ❹-❺, choose five correct descriptions and write the answers on the lines.

文中提到面对压力，我们应该：

⑭ _____　A. 明白同伴压力是因为自己见不得别人好。
　_____　B. 向不优秀的同伴学习。
　_____　C. 明白我们只是希望和他们一样好。
　_____　D. 要学会逃避。
　_____　E. 要调整心态。
　　　　　F. 明白自己总有比不过别人的时候。
　　　　　G. 不要盲目竞争。
　　　　　H. 要勇敢面对。

选出正确的答案。Choose the correct answer.

⑮ 这篇文章主要讲述 _____。
　A. 同伴压力产生的原因
　B. 同伴压力的影响以及如何应对
　C. 同伴压力对年轻人的好处
　D. 同伴压力对家人造成的影响

听力训练 Listening Tasks

一、《校园生活》

> **Tips**
>
> 不同地区、国家之间存在文化差异，因而在语言的词汇表达上也会有所不同。比如中国大陆普通话中的"教室"在新加坡称作"课室"。了解这些差异有助于你的听力理解。
>
> There are differences in the lexicon because of the cultural differences among regions and countries. For instance, "classroom" is called "Jiàoshì" in China and "Kèshì" in Singapore. Recognize these differences will help your listening comprehension.

你将听到六段录音，每段录音两遍。请在相应的横线上回答问题 ① 至 ⑥。回答应简短扼要。每段录音后会有停顿，请在停顿期间阅读问题。

You will hear 6 recordings, and each audio will be played twice. Answer the question ①-⑥ with short answers. There will be a pause after playing each recording, please read the questions during the pause.

① 中文课室在几楼？

_____

② 这位学生估计几点能到学校？

_____

③ 这位学生星期五有什么安排？

_____

④ 多少学生可以申请教育部的资助计划？

_____

⑤ 中午过后，天气怎么样？

_____

⑥ 小珍因为什么问题去找老师谈话？

_____

二、《逃学王变学霸》

你即将听到第二个听力片段，在听力片段二播放之前，你将有四分钟的时间先阅读题目。听力片段将播放两次，听力片段结束后，你将有两分钟的时间来检查你的答案。请用中文回答问题。

You will hear the second audio clip. You have 4 minutes to read the questions before it starts. The clip will be played twice, after it ends, 2 minutes will be given to check the answers. Please answer the questions in Chinese.

根据第二个听力片段的内容，回答问题 ①-⑥ 。
Answer the questions ①-⑥ according to the second audio clip.

选出正确的答案。 Choose the correct answers.

① 这是什么节目？ _____
　　A. 访谈节目　　B. 校园新闻　　C. 电视剧

② 这个节目多久播放一次？ _____
　　A. 每天　　B. 每周　　C. 每月

③ 许佳龙考试取得了什么样的成绩？ _____
　　A. 所有科目全部是 A*　　B. 所有科目全部是 A　　C. 所有科目全部满分

选出四个正确的叙述。 Choose four correct descriptions.

陶老师不放弃"逃学王"的原因包括：

④ _____　A. 她是中一年段长。
　 _____　B. 她是许佳龙的中文老师。
　 _____　C. 她年轻时也不想读书。
　 _____　D. 她的班主任也帮助过她。
　　　　　E. 她要传递爱心。
　　　　　F. 她也爱玩儿电脑。
　　　　　G. 她也有相同的经历。

回答下面的问题。 Answer the following questions.

⑤ 陶老师要发起的助学计划叫什么？

⑥ 陶老师发起的助学计划包括哪些活动？至少举两个。

Lesson 1 : School life 校园生活

Tips

文体：日记
Text type: Diary

日记一般是从第一人称"我"的角度来记录自己身边发生的事情。

A diary generally refers to a record of things happened from the first-person perspective.

日记通常只记录当天发生的事情，但是如果某件事持续了几天才结束，也可以在事情结束后记录整个经过和感受。这时，日记的内容就会包括几天前发生的事情。

A diary usually describes things that happened on that day. However, if there is something that continues for days, the record and the thoughts of the whole event can be written after it ends. The content of the diary will include events of days in this case.

写作训练：日记 Writing Tasks: Diary

热身

● 根据课文一，讨论日记的格式。According to text 1, discuss the format of a diary.

● 如何写好一篇日记？How to write a good diary?

格式 参考课文一

X 年 X 月 X 日　　　　星期 X　　　　晴 / 阴 / 雨（天气）

□□开头：简要说明心情和原因

□□正文：详细记录事情的经过

□□结尾：感受和打算

My personal world 个人世界

练习一

你参加了学校组织的校园开放日，写一篇日记，谈谈参与这次活动的经历和心得体会。字数：100–120 个汉字。

日记中必须包括以下内容：
- 学校举办这次活动的经过
- 同学们如何准备这次活动
- 你觉得这次活动办得怎么样

Tips

可以用表示时间的词语作为线索进行叙述，文章结构会比较清晰。
Using words of time as the thread of description, the passage structure will be more precise.

例如：关于开学活动，可以自己先按照时间点画个草图：
For example: Regarding to the activities of the opening day, you can draw a draft based on the time.

开学典礼 → 游戏活动 → 体育活动 → 课堂活动 → 迎新晚会

再根据以下时间顺序提示，任选一个，进行写作。
Then write your passage based on your choice of any of the time sequences.

7:20	早上	第一天	首先
10:20	中午	第二天	接着
13:20	下午	第三天	然后
15:20	晚上	最后一天	最后

Lesson 1: School life 校园生活

练习二

开学一个月了,写一篇日记,谈谈你的新校园生活,说说你在学校学习的心情和对自己未来的期待及打算。字数:300-480个汉字。

Lesson 2

Youth life
青年生活

导入 Introduction

每个年轻人都有自己的兴趣和爱好，有了兴趣和爱好，青年生活变得更有情趣，也更精彩。和年轻人相关的次文化也由此产生。这些次文化不但能激发青年的创造力，也让青年对信念和价值观有不一样的看法。最重要的是，在青年时期建立的友情是人生中最宝贵的财富。

Everyone has interests and hobbies, and with them, youth lives are more vibrant and amazing. Subcultures are also born from them. These subcultures not only can boost the creativity of the young, they also grant the young people different perspectives on their faiths and values. And the most important thing is: friendships in adolescence are the greatest treasures throughout your life.

学习目标 Learning Targets

阅读 Reading

- 学会通过标题了解段落主要内容。
  Understand the main content of a paragraph through titles.

- 学会通过关键句找出段落大意。
  Grasp the main idea by finding out topic sentences.

口语 Speaking

- 学会如何选择主题。
  Learn how to choose a talking subject.

- 了解口头表达的注意事项。
  Understand the cautions of oral speaking.

听力 Listening

- 学会如何做听力简答题。
  Learn how to listen and answer short questions.

写作 Writing

- 学会如何让演讲稿更有说服力。
  Learn how to make a convincing script of speech.

生词短语

主席	zhǔ xí	chairman
价值观	jià zhí guān	value
逃课	táo kè	skip classes
树立	shù lì	set up
能力	néng lì	capacity
明确	míng què	clear
目标	mù biāo	target
努力	nǔ lì	make great efforts
首富	shǒu fù	the richest man
贝多芬	bèi duō fēn	Beethoven
创作	chuàng zuò	creation
交响曲	jiāo xiǎng qǔ	symphony
爱迪生	ài dí shēng	Edison
迷失	mí shī	lost
航标	háng biāo	navigation mark
漂流	piāo liú	drift
感恩	gǎn ēn	be thankful
养育	yǎng yù	bring up
特意	tè yì	with the special intention of
善待	shàn dài	be treated well
关爱	guān ài	care

1 课文　树立正确的价值观

各位老师、各位同学：

大家好！我是学生会主席林小松。最近我发现很多同学的价值观出现了问题。问题主要表现在一些不良行为上：有的长期逃课，有的常常为一点儿事情而大吵大闹，有的抄作业，有的每天上网玩儿游戏。今天我就来和大家谈谈如何树立正确的价值观。

人成功与否，重要的不是能力，而是拥有什么样的价值观。那么，什么样的价值观才是我们应当追求的呢？

首先，树立正确的价值观，要有明确的人生目标。人只有树立了目标，才有努力的方向。正因为有了目标，马云才能成为中国首富；正因为有了目标，贝多芬才能创作出《第九交响曲》；正因为有了目标，爱迪生才会在失败几千多次以后发明了电灯。一个人有没有目标，对未来非常重要。如果没有了奋斗目标，你就会迷失方向，就像大海中的船没有了航标灯，只能在海上没有目的地漂流，永远没办法到达目的地。

My personal world　个人世界

其次，树立正确的价值观，需要一颗感恩的心。怀有一颗感恩的心，生活才有希望。我们要感恩父母的养育和陪伴，感恩老师教授我们知识，感恩朋友在我们困难的时候给我们帮助。感恩不需要特意表现，只需要一句简单的问候和关怀。拥有一颗感恩之心，我们在社会上往往会受到善待。我们既要学会感恩，又要懂得感恩，用更积极的人生态度面对困难，坚持到底，不轻易放弃。

除此之外，树立正确的价值观，还要懂得团结互助，相互关怀。团结互助精神是事业成败的决定性因素。古人云："孤树结成林不怕风吹，滴水积成海不怕日晒。"我们每个同学，在平时的学习生活中既要懂得团结在一起，互相学习，也要养成关爱他人的良好品行。

同学们，让我们树立正确的目标，怀有感恩之心，团结互助，做二十一世纪有正确价值观的好学生！

谢谢大家！

> **Culture Point**
>
> 马云，阿里巴巴集团创始人。马云第一次参加中国高考时落榜，数学只得了1分。凭借不放弃的信念，他在商业上取得成功，大家熟悉的阿里巴巴、淘宝、支付宝都是他创建的，他是中国年轻人创业的榜样。
>
> Jack Ma is the founder of Alibaba Group. When Jack Ma had the result of his first National College Entrance Examination, he only got 1 mark in maths. Yet with his resilience, he successes in business and founded the well-known companies in China like Alibaba, Taobao, and Alipay. He is the role model for thousands of Chinese startup entrepreneurs.

语法重点 Key Points of Grammar

并列关系复句 Compound Sentence

两个或几个分句说明有关联的几件事或者一件事的不同方面。

Two or more clauses explain different directions of a thing or things that are related.

常用关联词 Common Conjunctive Words

表示两个动作或两种状态同时存在 Indicate that two actions or status simultaneously exist	表示两个方面同时进行 Indicate that two actions are executed at the same time	否定前者，肯定后者 Negate the former and affirm the later
1. 既……又…… 2. 既……也…… 3. 又……又……	1. 一边……一边…… 2. 一面……一面…… 3. 一会儿……一会儿……	不是……而是……
例：学习汉语既能交中国朋友，又能了解中国文化。Example: Learning Chinese can let you make Chinese friends and get to know their culture.	例：她一边看电视，一边做作业。Example: She watches TV and does homework at once.	例：他不是美国人，而是中国人。Example: He isn't an American but a Chinese.

课文理解 Reading Comprehensions

① 最近同学们的价值观出现了哪些问题？

② 为什么确定目标很重要？

③ 拥有感恩之心对我们有什么帮助？

④ 为什么要有团结互助的精神？

⑤ "孤树结成林不怕风吹，滴水积成海不怕日晒。"这句话是什么意思？

概念与拓展理解 Concepts and Further Understanding

① 课文一的写作对象是谁？Who is the target audience in text 1?

② 课文一的写作目的是什么？What is the writing purpose of text 1?

③ 作者是如何达到写作目的的？How does the author achieve the writing purpose?

④ 作者是如何说服读者有明确的人生目标很重要的？
How does the author convince the readers that having a definite life purpose is important?

⑤ 作者为什么要引用古人说的话？Why does the author quote the words by the ancients?

语言练习 Language Exercises

从所提供的选项中选出正确的答案。 Choose the correct answer from the following choices.

① 作为学生会的主_____，不但要学习好，还要有领导能力。
  A. 习   B. 席   C. 庶   D. 麾

② 又开学了，奶奶一直叫我要按时上学，不要_____课。
  A. 桃   B. 挑   C. 跳   D. 逃

③ 作为班长，你要给同学们_____起好榜样。
  A. 建立   B. 立定   C. 树立   D. 站立

④ 比尔是世界_____富，拥有数不清的资产。
  A. 道   B. 手   C. 自   D. 首

⑤ 还好有_____，不然我们就被大海吞没，靠不了岸了。
  A. 航行   B. 航标   C. 起航   D. 航运

Lesson 2 : Youth life 青年生活   33

选出与下列划线词语意思相同的选项。 Choose the synonyms of the underlined words below.

⑥ 他坐了两个小时的车，<u>专门</u>来看你。
  A. 故意 B. 特意 C. 特别 D. 特点

⑦ 要<u>爱护</u>老人，每个人都有老的一天。
  A. 关爱 B. 爱心 C. 观爱 D. 观心

根据意思写词语。 Write the words related to the meanings.

⑧ 做事情的才能和本事。_____
⑨ 目标清晰。_____
⑩ 尽量使出自己的力气来做事。_____
⑪ 文学艺术作品的创造。_____
⑫ 弄不清方向。_____
⑬ 在水面随水流动。_____
⑭ 对别人所给的帮助表示谢意。_____

填入正确的关联词，关联词可以重复。
Fill in the blanks with the correct conjunctive words, a word can be used more than once.

⑮ 他长得_____高_____壮，让人感觉很安全。
⑯ 他_____看书，_____听音乐，不知道书有没有读进去。
⑰ 努力学习_____为了考高分，_____为了学习新知识。
⑱ 下雨了，可我_____没有带雨伞，_____没有带雨衣。
⑲ 小明上中文课_____跟小刚聊天，_____欺负同桌，结果被老师批评了。

🕒 课堂活动 Class Activities

造句比赛 Sentence Making

你有 2 分钟的时间做准备，每个人选一个词语进行造句。一名同学说出自己造的句子，由其他同学来挑战。成功者是擂主，继续接受其他同学的挑战。比赛一直持续下去，直到无人挑战。

You have 2 minutes to prepare, and every student makes a sentence with a chosen word. After a classmate say the sentence, other classmates will challenge him with theirs. The winner will duel with other classmates until there is no new challenger.

口语训练 Speaking Tasks

尊老　　　　　勤奋

诚信　　　　　节俭

第一部分　根据上面的图片，选择一个价值观，做 2-3 分钟的口头表达。做口头表达之前，先根据提示写大纲。

Choose a value from the picture above and make a 2-3 minutes oral presentation. Before you start, use the form below to make an outline.

大纲 Outline	内容 Content
观点 Perspectives	
事例 Examples	
名人名言 Famous quotes / 熟语 Idioms	
经历 Experiences	
总结 Summary	

第二部分　回答下面的问题。Answer the following questions.

① 除了图中提到的价值观，你还知道哪些价值观？
② 你觉得现在年轻人的价值观和你父母亲那一辈人的价值观一样吗？
③ 西方的价值观和东方的价值观一样吗？有哪些不同？
④ 你觉得年轻人的价值观主要受谁的影响？家人，朋友，还是老师？
⑤ 如果同学有不好的价值观，你会怎么做？

Tips

如何选择主题？
How to choose a topic?

大纲提供很多主题供大家选择，哪一个才是最适合自己的呢？

Many topics are provided in the syllabus. How do we know which is most suitable for us?

首先，要选择自己熟悉和喜欢的话题。其次，要善于从一些社会现象或校园中常见的日常小事中分析和年轻人相关的价值观、道德观、人生观。例如：树立环保意识、积极参加义工活动、提倡节约食物等，有助于培养青年人的公民道德心和社会责任感。

First, try to find out topics that you like or know well. Then, you can dig into some trivials in school life or some social phenomena. Analyzing the values, morality, view of life through the mindset of the youngsters. For example: supporting environmental protection, participating in volunteer activities, and reducing food waste are the effective factors to build up the public liability and obligation of the young.

Lesson 2 : Youth life 青年生活

2 课文 友情

生词短语

xīn xíng guān zhuàng bìng dú
新型冠状病毒 Novel Coronavirus

zhù yuàn
住院 be hospitalized

jū jiā
居家 living at home

gé lí
隔离 isolate

zāo gāo
糟糕 terrible

shì pín
视频 video call

dǎn xiǎo
胆小 timid

mǎ yǐ
蚂蚁 ant

sǐ shén
死神 death

zhàn dòu
战斗 combat

pí fū
皮肤 skin

lè yú zhù rén
乐于助人 be willing to help others

dào xiè
道谢 thank

là zhú
蜡烛 candle

qìng xìng
庆幸 thankful

2020年6月12日　　　　星期五　　　　雨

今天下起了大雨，我的心也在下大雨，心情糟透了。我们全家受新型冠状病毒的影响，爸爸妈妈在医院住院，而我则被隔离在家，不能去上学。我一方面担心父母的身体健康，另一方面由于孤单一人在家而害怕得要死。不过，也因为这次隔离，我体会到了友情的重要。

自从我居家隔离后，很多同学都不跟我联系了，甚至连我打电话向他们问问题，他们也都不接电话，仿佛病毒可以通过电话传播似的，这让我难受极了。更糟糕的是，老师要求我在家里通过网络视频和同学们一起上课。可是我家里条件不好，没有电脑，怎么办呢？胆小的我又不敢跟老师说出我的困难，那多没面子呀！我急得像热锅上的蚂蚁，在家里走来走去，也想不出解决的办法。望着窗外的雨，想着与死神战斗的父母，还有孤单在家的自己，我的眼泪忍不住流了下来。

My personal world 个人世界

"叮咚，叮咚"，门铃响了，我赶紧擦干眼泪，心想：这时候谁还敢来我家呢？打开门一看，一个人也没有，门口却有一个黑色的包。我打开包一看，是一台电脑。我觉得很奇怪，谁会送电脑给我呢？我真是开心得不得了。

　　这时候，我的电话响了，是我的好朋友颜小达。他个子高高的，皮肤白白的，圆圆的脸上长着一双大眼睛。因为他有一对大大的耳朵，所以我给他起了个外号叫"大耳"。"大耳"是一个乐于助人的人。班级里不论哪位同学遇到困难，他都第一时间站出来帮忙。"小凯，不要担心，这是我家里不用的电脑，你拿去用吧，有什么问题，你再找我。"我连忙在电话里向他道谢。而他却说："不用谢！我们是朋友，就应该互相帮助，而且生活中每个人都会遇到困难，帮助别人也等于帮助了自己，难道不是吗？"我激动得不行，眼泪忍不住又流了下来。

　　中国有句老话："虽有兄弟，不如友生。"这次经历，让我真正体会到了友情的重要性。朋友像一支蜡烛，在黑暗中为你带来光明，每个人都需要朋友，而我非常庆幸能有一个像颜小达这样的好朋友。

语法重点 Key Points of Grammar

程度补语：用在动词、形容词后表示程度的补语叫程度补语。

A degree complement is used to indicate level, description, and comment. It is used behind a verb or an adjective.

Structure 动词 / 形容词 + 极了 / 死了 / 坏了 / 透了

Verb / Adjective + 极了 (jíle) / 死了 (sǐle) / 坏了 (huàile) / 透了 (tòule)

E.g.
- 这个坏消息让我难受极了。The bad news makes me feel terrible.
- 新加坡的天气快把我热死了。The hot weather in Singapore almost kills me.
- 小良一天没吃东西，饿坏了。Xiao Liang doesn't eat for a day, and he is starving.
- 小达中文考试没考好，心情糟透了。
  Xiao Da didn't do well in his Chinese exam, and it puts him in a bad mood.

注意 Notes

① "极了""死了""坏了""透了"充当程度补语时，补语前面不能加"得"。
When "极了"(jíle) "死了"(sǐle) "坏了"(huàile) "透了"(tòule) are used as degree complements, "得"(de) can't be put in front of them.

② 有程度补语的句子，谓语前一般不再加程度副词或描写性词语。
A sentence with degree complements usually won't be added any adverbs of degree or descriptive words before the predicate.

课文理解 Reading Comprehensions

① "我"的心为什么在"下雨"？

② 为什么"我"的心情很难受？

③ "我"流了几次眼泪？每一次流眼泪的原因是什么？

④ 从哪里可以看出颜小达是个乐于助人的人？

⑤ "虽有兄弟，不如友生。"这句话是什么意思？

概念与拓展理解 Concepts and Further Understanding

① 课文二的写作对象是谁？ Who is the target audience of text 2?

② 课文二是谁写的？ Who is the author of text 2?

③ 课文二的写作目的是什么？ What is the writing purpose of text 2?

④ 课文二是如何表达作者每个阶段的心情的？
How does text 2 express the author's emotions in each stage?

⑤ 作者是如何描述他的好朋友的？采用了哪些方法？
How does the author describe his friend? Which methods does the author use?

语言练习 Language Exercises

把下面的词语组成正确的词组。Connect the corresponding words below to form a correct phrase.

① 网络　　　隔离　　② 住院　　　治疗
　 乐于　　　视频　　　 心情　　　怕事
　 居家　　　助人　　　 胆小　　　糟糕

从生词表里找出下列词语的同义词。
Find the synonyms of the following words in the vocabulary list.

③ 分开 _____　④ 软弱 _____　⑤ 幸好 _____

从生词表里找出下列词语的反义词。
Find the antonyms of the following words in the vocabulary list.

⑥ 出院_____ ⑦ 和平_____ ⑧ 报仇_____

判断下面程度补语的使用是否正确，如果错误请订正。
Determine whether the degree complements in the following sentences are used appropriately or not, and correct them if there is any mistake.

⑨ 新加坡的天气热得透了。

⑩ 这套房子漂亮极了。

⑪ 这条河非常脏死了。

课堂活动 Class Activities

幸运大转盘 Lucky Wheel

两个人一组。分别挑选课文二的生词填入圆盘的格子里，一个格子填一个。一位同学闭上眼睛，另一位同学转动大转盘，然后指着大转盘里的一个词语问闭上眼睛的同学：你猜现在转到的这个词是什么？闭上眼睛的同学根据课文二的生词进行猜测。两人对换。先猜中所有词语的同学赢得比赛。

Team up in pairs. Pick the vocabularies of text 2 and put them into the slices, one word for each. Then, one classmate closes his eyes, another one spins the wheel and ask the sightless classmate about a word in the wheel, let him guess what word it is. The reply should base on the vocabulary list of text 2. Switching side after the guess, the one who is faster to finish all the slices win the game.

隔离 isolate
蚂蚁 ant
死神 death
视频 video call
胆小 timid
皮肤 skin
战斗 combat
蜡烛 candle
go

口语训练 Speaking Tasks

第一部分 根据图片，做 3-4 分钟的口头表达。做口头表达之前，先根据提示写大纲。

Make a 3-4 minutes oral presentation based on the picture. Before you start, use the form below to make an outline.

大纲 Outline	内容 Content
图片内容 Information of the picture	
图片主题 Theme of the picture	
提出观点 Make your points	
延伸个人经历 Relate to personal experiences	
名人名言 Famous quotes / 熟语 Idioms	
总结 Summary	

第二部分 回答下面的问题。Answer the following questions.

① 什么是真正的友情？
② 你觉得友情对你重要吗？为什么？
③ 怎样才能让友情长久？
④ 友情比亲情重要吗？
⑤ 你的好朋友让你帮他／她做一些坏事，你会帮忙吗？为什么？

Tips

在做 3-4 分钟内的口头表达时，切记语速不可过快或者过慢。说得快，咬字不清楚，考官抓不住重点；说得慢，影响内容的表达，还没说完，时间就到了。还要注意不要一直出现 er……er……er……或者英文单词 then……and then……and then……这些口头禅。平时做口头训练就要注意改掉这些不好的毛病，以免影响考官对你的第一印象。

When you are doing the 3-4 minutes oral presentation, make sure that you aren't speaking too slow, too fast, and not clear, in case the examiner can't catch the main idea. If you speak too slow, time is up before you finish. Another precaution is you should not pause too often or use words like "umm", "then", "and then". In your practice, you should try to correct them, in case these phrases affect the first impression of the examiner on you.

Lesson 2 : Youth life 青年生活 • 41

技能训练 Skill Tasks

阅读训练 Reading Tasks

文章 1 如何应对中学生网瘾问题

仔细阅读下面的短文，然后回答问题。
Read the passage carefully and answer the following questions.

随着互联网的快速发展和智能手机的普及，中学生接触网络变得越来越容易。由于他们的抵抗力比较低，但好奇心比较强，所以很容易沉迷于网络游戏中。面对这些问题，家长们因为找不到正确的方法而不知道怎么处理孩子的网瘾问题。其实针对中学生网瘾问题，单靠家长是不行的，还需要社会各个领域一起努力合作。

一、制定规章制度

学校应该制定规章制度来管理手机在校园里的使用：学生一到学校就必须关闭手机，放学后才可以开机。中午吃饭时间也不可以使用手机，应该利用这段时间和同学一起吃饭、聊天儿，放松心情，好好休息，准备下午的课程。

二、正确引导上网

许多中学生上网都是因为对网络游戏有强烈的好奇心，在网络游戏中可以获得极大的成就感。通过网络，中学生还可以在虚拟的世界中认识更多朋友，但网络聊天儿引发的早恋、网恋经常发生。老师可以利用班会时间正确引导学生利用网络来提升自己的能力。例如，通过网络游戏让中学生明白团队合作的重要性，训练中学生的智力等等。

三、控制上网时间

其实，上网是没有错的，但是过度沉迷于上网对身体各个方面的影响是很大的，最明显的就是视力下降。中学生要学会自己控制上网时间，学会判断网络内容是否对自己有害，学会判断新闻的真假。

四、树立好榜样

家长要做好榜样，尽量不要在孩子面前玩儿手机，也不要因为手机忽略了对孩子的关爱。如果家长整天手机不离手，或者吃饭、睡觉都在玩儿手机，却要求孩子远离手机，这是行不通的。所以，家长树立正确的榜样很重要。

希望以上的建议对大家有所帮助。如果孩子还是一直沉迷于上网，就应该向心理辅导老师寻求进一步的帮助。

根据以上短文把下列词语和句子配对。

According to the passage above, match the words with the correct sentences.

例：游戏　　　　D　　　　A. 可以引导学生利用网络提升能力。

① 学校　　　＿＿＿　　　B. 视力会下降。

② 老师　　　＿＿＿　　　C. 对身体有利。

③ 中学生　　＿＿＿　　　D. 可以让学生懂得团队合作的重要性。

④ 家长　　　＿＿＿　　　E. 会导致中学生自杀。

⑤ 过度上网　＿＿＿　　　F. 应当学会自己判断信息的真假。

⑥ 网络聊天儿＿＿＿　　　G. 会引发早恋现象。

　　　　　　　　　　　　H. 应该限制学生吃饭的时候用手机。

　　　　　　　　　　　　I. 不要整天在中学生面前玩儿手机。

Tips

通过标题了解段落主要内容
Understand the main content through titles.

一些新闻、广告或者采访稿都会在每个段落的前面加一个小标题。

标题的主要功能是提示下面段落的内容，吸引读者的注意力。所以，在做阅读理解的时候，一定要重视这些小标题的作用。通过这些小标题，可以迅速知道段落的内容，也有利于迅速找到相关的信息。

Some news, advertisements, and interviews have subtitles on each paragraph.

These titles are mainly used as the hint at the content below, and make the readers focus on the text. Therefore, we must pay adequate attention to the function of these subtitles. We can know the idea of a paragraph quickly by them, some related messages also can be founded in a glance.

根据以上短文完成下面的句子。

Complete the sentences according to the passage above.

例：<u>由于</u> <u>好奇心</u> <u>比较</u> <u>强</u>，中学生很容易沉迷于网络游戏中。

> 好奇心　比较　由于　强

⑦ ＿＿＿＿沉迷于上网＿＿＿＿ ＿＿＿＿各个方面的＿＿＿＿是很大的。

> 身体　对　影响　过度

⑧ 中学生还可以＿＿＿＿虚拟＿＿＿＿ ＿＿＿＿中＿＿＿＿很多朋友。

> 的　在　认识　世界

文章 2　亚文化——漫画

何小良

❶　亚文化又叫次文化，是指与主流文化相对应的非主流的文化现象。简单来说，即不是全民都喜欢或普遍被大众接受的文化。比如漫画，就是亚文化的一种。它不像中国国画那样受很多人认可，但总有一群年轻人一直喜欢漫画。漫画爱好者经常在群里讨论、分享他们喜欢的漫画书，于是漫画就变成了一种亚文化。

❷　漫画【-5-】是亚文化，却很受中学生喜爱。看漫画是现在中学生最流行的休闲方式，【-6-】看漫画的中学生也越来越多。在他们看来，看漫画【-7-】可以减轻学习压力，还可以帮助他们找到人生的目标。大部分年轻人都认为漫画不但可以让人心情放松，【-8-】可以加强抽象思维和感官思维，有的甚至能加强美术鉴赏能力。【-9-】，他们认为画漫画的人会将自己对生活的看法融入漫画故事情节中，【-10-】看漫画也可以增加年

My personal world 个人世界

轻人的人生阅历。

❸ 然而，家长对漫画却有不同的看法。他们认为漫画只是一种亚文化，不是主流文化，不应该鼓励学生去看。很多学生迷上漫画后，对学习失去了兴趣。家长认为中学生漫画看多了，就不喜欢看文字的书了，这样发展下去，会减弱阅读能力。况且，很多漫画书的内容不健康，有的甚至含有暴力和色情内容，会对学生的身心健康造成不良影响。中学生如果沉迷于漫画，他们的人生观将会受到很坏的影响。

❹ 个人认为，漫画虽然不是主流文化，但作为亚文化也有它存在的合理性。同学们应该学会自我控制，学会选择有益身心健康的漫画书。这样的话，看漫画这个爱好不但能提高中学生的学习能力，而且可以放松身心，一举两得。这不是更好吗？

> **Tips**
>
> 通过关键句，找出段落大意。
> Identify the main idea by finding out the topic sentence.
>
> 文章中表达议论或者抒情的句子通常是关键句。这些关键句通常是段落的第一句或者最后一句，有时候也出现在段落中间。这些句子有助于我们找出段落大意。
>
> In a passage, sentences which express feelings or attitudes are usually topic sentence. These sentences are usually the first or the last sentence in paragraphs. But sometimes they can also be in the middle. These sentences can lead us to the gist of a paragraph.
>
> 例如第 ❶、❸、❹ 段，第一句就是关键句。而第 ❷ 段，关键句则在中间，要读到"在他们看来……"，才能明白这段主要讲"中学生对漫画的看法"。
>
> For instance, in paragraph ❶, ❸, ❹, the first sentence is the topic sentence. On the other hand, in paragraph ❷, the topic sentence is in the middle. You need to read the sentence " In their point of view…", then you realize the paragraph is talking about "how middle school students see comics".

根据文章 2，找出与各个段落相应的段落大意。把答案写在横线上。

According to passage 2, find out the main ideas of each paragraph and write the answers on the lines.

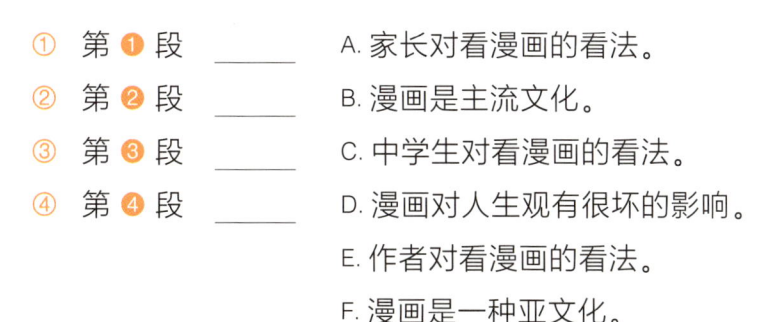

① 第 ❶ 段 _____   A. 家长对看漫画的看法。
② 第 ❷ 段 _____   B. 漫画是主流文化。
③ 第 ❸ 段 _____   C. 中学生对看漫画的看法。
④ 第 ❹ 段 _____   D. 漫画对人生观有很坏的影响。
                      E. 作者对看漫画的看法。
                      F. 漫画是一种亚文化。

根据 ❷，从下面提供的词语中，选出合适的词填空。
According to ❷, choose the suitable words in the box and fill in the blanks.

> 不仅　但是　所以　此外　也　虽然　而且　因为　然后

⑤ [-5-] _____　　⑥ [-6-] _____　　⑦ [-7-] _____

⑧ [-8-] _____　　⑨ [-9-] _____　　⑩ [-10-] _____

根据 ❸－❹，填写下面的表格。Complete the boxes according to ❸－❹.

在句子里	这个字 / 词	指的是
⑪ 他们认为漫画只是一种亚文化……	"他们"	
⑫ 这样发展下去……	"这样"	
⑬ ……他们的人生观将会受到很坏的影响	"他们"	
⑭ 但作为亚文化也有它存在的合理性……	"它"	
⑮ 看漫画这个爱好……	"这个"	

选出正确的答案。Choose the correct answer.

⑯ 这是_____。
A. 一篇日记　　B. 一张宣传单　　C. 一封书信　　D. 一篇文章

听力训练 Listening Tasks

一、《青年生活》 🎧 7

你将听到六段录音，每段录音两遍。请在相应的横线上回答问题 ①－⑥。回答应简短扼要。每段录音后会有停顿，请在停顿期间阅读问题。

You will hear 6 recordings, and each audio will be played twice. Answer the question ①-⑥ with short answers. There will be a pause after each recording is played. Please read the questions during the pause.

① 这个同学最大的爱好是什么？

② "我"打算干什么？

_____

③ 康康晚上做什么？

_____

④ 男孩死亡的原因是什么？

_____

⑤《街头篮球》这个网络游戏要求玩家做什么？

_____

⑥ 多多的爱好对她有什么帮助？

_____

二、《Z 时代的人》

你即将听到第二个听力片段，在听力片段二播放之前，你将有四分钟的时间先阅读题目。听力片段将播放两次，听力片段结束后，你将有两分钟的时间来检查你的答案。请用中文回答问题。

You will hear the second audio clip. You have 4 minutes to read the questions before it starts. The clip will be played twice, after it ends, 2 minutes will be given to check the answers. Please answer the questions in Chinese.

根据第二个听力片段的内容，回答问题 ①-⑨ 。

According to the second audio clip and answer the question ①-⑨.

根据第二个听力片段的内容，从 A，B，C 中，选出一个正确的答案，把答案写在横线上。

According to the second audio clip, choose the right answer from A, B, C and write it on the line.

① Z 时代的年轻人可能出生于_____。
   A. 1990-2000 年　　B. 1995-2010 年　　C. 1990-2010 年

② Z 时代人的特点是_____。
   A. 喜欢待在家里　　B. 以男生为主　　C. 不用社交媒体

③ Z 时代的人在_____上展示"真正的我"。
   A. 脸书　　B. 年轻人自己喜欢的平台　　C. 推特

> **Tips**
>
> **如何做听力简答题？**
> How to handle short questions in listening?
>
> 做听力简答题，很重要的一点是要先看题目，划重点。把关键词 / 句划出来，以便等一下听的时候，重点听和这个关键词 / 句相关的信息。
>
> 例如：第一题，关键句是"最大的爱好"。不要一听到爱好，就把所有爱好都写上去。
>
> 再如：第三题的关键词是"晚上"，而不是"下午"或"早上"。
>
> Before doing listening exercises, make sure to read the title and headline the keywords. Then when you start, pay extra attention to the information that is related to the keyword / sentence.
>
> For example, in the first question, the keyword is "最大的爱好 (favorite hobby)", so don't write all the hobbies as soon as you hear the word "爱好 (hobby)".
>
> For another example, the keyword of question 3 is "晚上 (night)", therefore, don't answer anything that happened in the morning or in the afternoon.

Lesson 2 : Youth life　青年生活

填空，每个空格最多填三个词语。
Fill in the blanks, three words for each blank at maximum.

Z 时代的人最大的兴趣爱好就是【 -4- 】，其次是看综艺类节目，因为综艺类节目具有【 -5- 】。我们人类还是没办法脱离亲戚朋友而【 -6- 】，所以综艺类节目可以释放他们【 -7- 】的压力。此外，他们也喜欢追星，看游戏视频等等。

④ [-4-] _____   ⑤ [-5-] _____
⑥ [-6-] _____   ⑦ [-7-] _____

回答下面的问题。Answer the following questions.

⑧ 00 后的创造力体现在……

⑨ 这是一篇……

写作训练：演讲稿 Writing Tasks: Script

热身

● 根据课文一，讨论演讲稿的格式是什么。
According to text 1, discuss the format of a speech script.

Tips

文体：演讲稿
Text type: Script

演讲稿是演讲者在集会或活动中发表演讲的文稿。

A script is a text which a speaker addresses on an activity or an assembly.

My personal world 个人世界

● 如何写好一篇演讲稿？ How to write a good script?

Tips

1. 写演讲稿的时候，可以适当引用名人名言让演讲稿更有说服力。
   A script can be more persuasive with some quotes by famous people.

   例如：课文一通过引用古人"孤树结成林不怕风吹，滴水积成海不怕日晒"来说明团结的重要性。
   For instance: Text 1 quotes "孤树结成林不怕风吹，滴水积成海不怕日晒" (solidarity is strength) to emphasize how important the unity is.

2. 写演讲稿的时候，也可以适当运用比喻论证的方法，用人们熟知的事物，通过打比方的方式来论证观点，将抽象的道理形象化、浅显化，从而使读者更容易理解。
   You can apply metaphorical arguments appropriately in your script. Things that people are familiar with can create simplified and visualized images, making them easier to understand.

   例如：在课文一中，"如果没有了奋斗目标……就像大海中的船没有了航标灯，只能在海上没有目的地漂流，永远没办法到达目的地"就运用了比喻论证的方法，来说明"树立正确的价值观，要有明确的人生目标"。
   For example: In text 1, the sentence "如果没有了奋斗目标……就像大海中的船没有了航标灯，只能在海上没有目的地漂流，永远没办法到达目的地" (it is like a boat without a light amidst the ocean if there is no goal to strive.) is a metaphorical argument, which is used to demonstrate the importance of "building up correct values and having specific life goals".

格式 参考课文一

尊敬的校长、各位同学：

　　开头：问候语 + 自我介绍 + 演讲主题

　　正文：有条理地阐述观点
　　　　首先……
　　　　其次……
　　　　最后……

　　结尾：总结观点 + 提出呼吁 + 表达感谢
　　　　总而言之 / 综上所述 / 总之……
　　　　谢谢大家！

Lesson 2：Youth life 青年生活　49

练习一

学校最近举行演讲比赛，题目是《友情的重要性》，请根据题目写一篇演讲稿。字数：100-120 个汉字。

演讲稿必须包括以下内容：
- 你的经历
- 为什么友情很重要
- 你的感想或呼吁大家重视友情

练习二

学生会将举行一场演讲比赛，题目是《保护亚文化的重要性》，请根据题目写一篇演讲稿。字数：300-480 个汉字。

Lesson 3

Home life
家庭生活

导入 Introduction

父爱如山，母爱似水，家是永恒的港湾。稳定的家庭生活对青少年形成健全的人格极为重要，它是人最初的也是最重要的环境。然而，有时候家人之间却因缺乏沟通而使得家庭关系变得紧张。如何处理家庭关系呢？这一单元将带领我们走进家庭生活，探索家人之间的关系以及家庭的重要性。

As a Chinese proverb says: the father's love is as great as a mountain, the mother's love is as gentle as a flow. A family is always the eternal harbor for us. It is the initial and the most essential environment for children, a stable home life is the foundation of sound personalities for teenagers. However, sometimes a family can have moments of tension for lack of communications. How to handle home relationships? In this lesson, we will walk into home lives, and explore the relationships among family members and the importance of a family.

学习目标 Learning Targets

阅读 Reading

- 学会理解题目。
  Learn how to comprehend titles properly.

口语 Speaking

- 学会回答问题。
  Learn how to answer questions.
- 掌握如何采用分论点支持观点。
  Know how to illustrate the point of view with sub-arguments.

听力 Listening

- 掌握如何通过关键词语抓住观点。
  Know how to find the point of view by listening to key words.

写作 Writing

- 学会审题。
  Learn to analyze the topic.

生词短语

zì háo
自豪 be proud of

zuò xué wen
做学问 engage in scholarship

xiào shùn
孝顺 filial

zhōng huá mín zú
中华民族 the Chinese nation

měi dé
美德 virtue

lǐ mào
礼貌 polite

kùn nan
困难 difficulty

chǔ lǐ
处理 deal with

chǎo jià
吵架 quarrel

gōu tōng
沟通 communicate

kòng zhì
控制 control

làng fèi
浪费 waste

wēi xìn
微信 Wechat

jiè jiàn
借鉴 use for reference

zhú jiàn
逐渐 gradually

hé xié
和谐 harmonious

1 课文 给孩子的一封信

亲爱的孩子：

最近还好吗？妈妈一直有很多话想跟你说，可是自从你上中学以后，我们经常因为一些小事吵架，这让妈妈很伤心，也很烦恼。既然当面无法沟通，妈妈就想通过写信的方式和你说说心里话。

孩子，从小到大，你一直是爸爸妈妈的骄傲，我们为你的每一次进步感到快乐和自豪。可是上中学后，你整个人都变了，整天不是玩儿游戏，就是看电脑。每次妈妈说你，你就对妈妈大喊大叫。俗话说，"先做人，再做事，其次才是做学问。"所谓"百善孝为先"，孝顺是中华民族的传统美德。你连基本的礼貌都没有做到，怎么能做到"孝顺"妈妈呢？

关于"做事"，作为中学生，你应该学会自己面对困难。在学校要是碰到不顺心的事，要学会自己处理。做事之前要学会反复思考，不要为了一点儿小事就和同学吵架，要

多沟通，多学习他人的长处。

再说"做学问"，我看你每天晚上房间的灯到深夜十二点都还没关，也不知道你是在房间里玩儿游戏呢，还是真的在读书。适当玩儿一下游戏减轻学习压力是可以的，但如果不会控制自己，把时间浪费在打游戏或者微信聊天儿上，那就不应该了。等到考试不及格，再后悔就来不及了。另外，在学习方面，不要死记硬背，多借鉴一些好的学习方法，充分利用时间，制定好学习计划，一步一个脚印地向前走。

孩子，你上中学后，妈妈逐渐认识到，养育孩子的过程，也是妈妈与你共同成长的过程。在这个过程中，我们都需要有耐心。

亲爱的孩子，良好的亲子关系需要我们良好的沟通。在今后的日子里，妈妈希望和你一起逐渐改正各自的缺点，互相体谅，让我们每天进步一点点，使我们的家庭更加和谐。我们一起努力，好吗？

祝

学业进步！

妈妈

2021 年 2 月 14 日

Culture Point

"孝"最基本的寓意是孩子小的时候，父母在上面为孩子遮风挡雨；孩子长大了，父母老了，孩子在下面背着父母，这就是"孝"。真正意义上的"孝"是以"敬"为前提的，对内心的"敬"最好的表达就是"顺"，"顺"就是趋向同一个方向，即"孝顺""孝敬"。孝养父母，没有一定的形式，但皆要出自敬爱之心。孝顺父母是中华民族的传统美德，古人讲的"百善孝为先"在中华民族这个礼仪之邦永远不会过时。

The fundamental implication of the word "孝" is: when the child is young, parents shelter him from the outside world. After parents get old, the grown-up carries them on the back. This is the meaning of "孝" on surface. The genuine meaning of "孝" is on the premise of respect ("敬"), and the best expression of "敬" is "顺", which means inclining to the same direction, also known as "孝顺"(filial piety) and "孝敬"(filial respect). There is no fixed form to "孝顺" your parents, yet every conducts you have to adhere to the spirit of respect and love in mind. The filial piety is the traditional virtue of Chinese, as the old saying goes, "The filial piety is the virtue of second to none." The concept will never get outdated in China, the nation of etiquette.

语法重点 Key Points of Grammar

把字句 "把" sentence

把字句常常用来强调说明动作对某事物如何处置及处置的结果。
"把" sentence is usually used to stress how the object of a verb is disposed of and what result is brought about.

Structure
主语 + 把 + 宾语 + 动词 + 在/到 + 处所
subject + 把 + object + verb + 在/到 + place

主语 + 把 + 宾语 + 动词 + 其他成分　subject + 把 + object + verb + …

E.g.
- 他把时间浪费在打游戏上了。He wasted his time on playing games.
- 老师叫我把"礼貌"这两个字抄写五遍。Teacher told me to write the word "礼貌" five times.

注意 Notes

① "把"后面的宾语是主语心中已知的物体，不是未知的物体。
The object of "把" is something definite in the mind of the speaker.

E.g.
- 不可以说：我把一本书买了。应该说：我把那本书买了。
  For example, the sentence "我把一本书买了" is wrong, you should say "我把那本书买了".

② "把"后面的动词要加其他成分，如"买了""打开"，不可以单独一个动词。
In a "把" sentence, there must be some constituent that follows the verb.

E.g.
- 不可以说：我把作文写。应该说：我把作文写了/我把作文写完了。
  For example, "我把作文写" is a wrong sentence, you should say "我把作文写了/我把作文写完了".

③ "把"后面的动词，必须是可以加宾语的动词，并带有处置或支配的意义。如"读"书，"看"书，"买"书。没有处置意义的动词，不可以用在把字句。如：来、回、喜欢、知道。
The main verb of a "把" sentence should be transitive and have a meaning of disposing or controlling something. The verbs without such a meaning, such as come, go back, like, know, can't be used in the "把" sentence.

E.g.
- 不可以说：我把这张票有。应该说：我把这张票买了。
  For example, the sentence "我把这张票有" is wrong in the usage of "把", you should say "我把这张票买了" instead.

课文理解 Reading Comprehensions

① 妈妈为什么要给孩子写信？

② 上中学后，孩子发生了什么变化？

③ 妈妈认为什么是中华民族的传统美德？你同意吗？

④ 孩子应该如何面对困难？

⑤ 妈妈认为应该如何"做学问"？

概念与拓展理解 Concepts and Further Understanding

① 课文一的写作对象是谁？ Who is the target audience in text 1?

② 如果是西方的妈妈给孩子写信，信的内容会是一样的吗？
Will the context be the same if this letter is written by a Westerner?

③ 如果家庭生活改变了，你会不会变成不一样的人？
Will you become different if your home life changes?

④ 如果你是文中的孩子，你该怎么写回信？ What will you write in reply if you were the child in text 2?

⑤ 写信的对象改变了，词汇的选择和语气的使用也会不同吗？
Will the lexicon and tone be different when the target audience changes?

语言练习 Language Exercises

从所提供的选项中选出正确的答案。 Choose the correct answer from the following choices.

① 虚心使人进步，骄_____使人落后。
　A. 敖　　B. 熬　　C. 嗷　　D. 傲

② 每个人都有理由为自己的国家和民族感到骄傲和自_____。
　A. 豪　　B. 嚎　　C. 濠　　D. 壕

③ 乐于助人、尊老爱幼是中华民族的传统美_____。
　A. 得　　B. 德　　C. 待　　D. 的

④ _____父母，不只是嘴上说说，帮父母做做家务也是好的。
　A. 教顺　　B. 孝页　　C. 孝顺　　D. 校顺

⑤ 在公共场合，我们要特别注意文明礼_____。
　A. 猫　　B. 帽　　C. 貂　　D. 貌

选出与下列划线词语意思相同的选项。 Choose the synonyms of the underlined words below.

⑥ 面对一大堆的问题，他不知道如何<u>处理</u>。　□
　A. 解决　　B. 理解　　C. 扔掉　　D. 处方

⑦ 看到父母<u>吵架</u>，他赶紧收拾书包离开了家。　□
　A. 争吵　　B. 打架　　C. 生闷气　　D. 斗气

根据意思写词语。 Write the words relate to the meanings.

⑧ 从他人那里学习或吸取经验教训。_____

⑨ 相处得很好，很协调。_____

⑩ 对人力、财物、时间等用得不当或没有节制。_____

⑪ 对事情有所把握，操纵。_____

⑫ 人与人之间、人与群体之间思想与感情的传递和反馈的过程。_____

宾果游戏。圈出本课学过的词语，半分钟之内，看谁找出的词语最多。注意，所找的词语必须在同一条直线上，如横线、竖线或斜线。然后用至少 5 个词语编写家庭小故事，和你的同学分享。

Bingo. Please circle the vocabularies that we have learned in this lesson, see who finds the most in half a minute. Be careful, the words you found need to be on the line, including horizontal, vertical, and diagonal. Then try to make a story related to family with five words, and share it with your classmates.

⑬

制	理	架	吵	先
处	控	费	为	谐
欺	浪	孝	通	和
负	善	顺	交	沟
百	系	关	际	人

写下你找到的词语：Write down what you found

写下你的家庭小故事：Create your family story

判断下面"把字句"的使用是否正确，如果错误请订正。
Determine whether the "把" sentences are used appropriately or not, and correct them if there is any mistake.

⑭ 乐乐把一本书带到了学校。
⑮ 我把信回。
⑯ 请把那儿的情况给我们介绍一下。
⑰ 多多，你把门打开。
⑱ 我把那部戏剧很喜欢。
⑲ 我把一个书包有。

课堂活动 Class Activities

大风吹 A Great Wind Blows

大家围坐成一圈，主持人站在圈中间。活动开始时，主持人说"大风吹"，大家问"吹什么"，主持人说"吹今天和家人吵架的人"，凡是今天和家人吵架的人都要移动，重新抢占位置，没有抢到位置的人成为新的主持人。继续重复上面的程序，主持人的问题必须是和亲子关系有关的问题。如：吹今天被没收手机的人。

The classmates sit in a circle, and the host stands in it. When the game begins, the host says "a great wind blows", and the rest of them ask "what to blow", and the host calls out like "the people who quarrel with their families", then every classmate who quarrels with their families today need to run and take a new position. The person who can't get a seat will be the new host. The procedure above will repeat again. Be careful, the questions of the host must be related to the topic "parent-child relationship". E.g. "the people whose cell phones were confiscated".

Tips

如何回答问题？
How to answer a question properly?

在回答老师的提问时，要避免三言两语就回答完毕，应该结合问题中的现象多谈论自己的看法，适当地延伸话题。

When you are replying to the teacher's questions, try not to hasten your answer in 2-3 sentences, you should express your perspectives with the phenomena inside the question, then extend your topic appropriately.

例如"代沟"问题，日常生活中随处可见，如果能深入挖掘，分析代沟产生的原因，以及由此引起的不良后果，提出如何处理的建议，联系上一课关于年轻人的价值观、人生观和道德风尚等加以充分表达，效果更好，也能完整地体现出考生的思考能力。另外，回答的内容充实，也可以避免被老师提问更难的问题，陷入被动局面。

For example, the topic "generation gap" is very common in daily life. If we dig into it and try to analyze the reasons behind and the negative consequences, we should be able to make decent advice and suggestions based on the young's values, views of life, and morality that we have learned in the last lesson. A proper answer can demonstrate the reflecting ability of a student, on top of that, an equipped answer can also avoid advanced questions from teachers and prevent yourself from being in a passive situation.

口语训练 Speaking Tasks

第一部分 根据主题"家庭生活"，做 2-3 分钟的口头表达。做口头表达之前，先根据提示写大纲。

Make a 2-3 minutes oral presentation on the theme "home life". Before you start, use the form below to make an outline.

大纲 Outline	内容 Content
观点 Perspectives	
事例 Examples	
名人名言 Famous quotes / 熟语 Idioms	
经历 Experiences	
总结 Summary	

第二部分 回答下面的问题。Answer the following questions.

① 周末你和家人通常会做什么？
② 有些家庭会设立一个"家庭日"，那天家里的每个人都要回到家中，不可以出去和别的朋友玩儿。你怎么看这个"家庭日"的规定？
③ 有些老人会被送到养老院，一些人觉得这是不孝敬老人的表现，你怎么看？
④ 现在的年轻人跟父母都有代沟，你觉得这是什么原因造成的？
⑤ 西方家庭也倡导孝顺这种美德吗？西方的家庭教育和中国的家庭教育有什么异同？

My personal world 个人世界

❷ 课文　建立良好的亲子关系

你是不是正在为无法和孩子沟通而烦恼？到底应该如何和孩子沟通，建立良好的亲子关系呢？在亲子关系的培养中，父母如果能根据孩子的特点进行恰当的引导，将影响孩子的一生。良好的亲子关系很重要，它有助于孩子的情感朝正确的方向发展。成功的家庭教育就是与孩子建立良好的亲子关系。因此，大家有必要仔细读一下这本关于亲子关系的小册子。

一、亲子关系

亲子关系是父母与子女所建立的一种家庭关系，通过父母与孩子之间的教养关系，建立情感联系。

二、如何建立良好的亲子关系

1. 了解和尊重孩子的成长规律。

2. 了解孩子的兴趣、个性和习惯，尊重孩子的选择。

3. 定期与孩子进行有效的沟通，把孩子当作成人来谈话。

4. 尊重孩子，给孩子自主活动的时间和空间。

5. 重视培养孩子良好习惯的养成。

三、建立良好亲子关系的意义

1. 促进孩子积极的情感发展。

2. 增进孩子的社会责任感。

3. 有利于孩子的人际交往。

4. 有助于培养孩子认真的学习态度。

生词短语

亲子关系	qīn zǐ guān xì	parent-child relationship
培养	péi yǎng	cultivate
引导	yǐn dǎo	guide
情感	qíng gǎn	emotion
教养	jiào yǎng	upbringing
规律	guī lǜ	law
习惯	xí guàn	habit
选择	xuǎn zé	choice
定期	dìng qī	regulate
意义	yì yì	meaning
促进	cù jìn	promote
社会	shè huì	society
责任感	zé rèn gǎn	responsibility
度	dù	extent
宠爱	chǒng ài	spoil
核心	hé xīn	core
端正	duān zhèng	correct

Lesson 3 : Home life　家庭生活

培养亲子关系需要牢牢掌握一个"度"，既不能太把自己当家长，拉远与孩子的距离，也不能过分宠爱孩子。建立良好的亲子关系的核心是父母端正自己的教养方式，尊重孩子，给孩子独立的空间，维护孩子的自尊心。希望以上关于建立良好亲子关系的建议对大家有帮助。

乐心育儿中心

2021 年 3 月 13 日

语法重点 Key Points of Grammar

正反疑问句：是不是 / 是否

Affirmative-negative question: 是不是 / 是否

"是不是"是对某一事实或情况已经有所了解，为了进一步证实，就用"是不是 / 是否"来构成正反疑问句。注意："是不是"可以放在句首、句尾或放在谓语前面。

"是不是" is usually used in an occasion that someone has known a fact or situation already, for further verification, people use the word "是不是 / 是否" to build up an affirmative-negative question. Be careful, "是不是" can be put at the beginning, the end of a sentence, and the front of a predicate.

> **E.g.**
> - 你是不是正在为无法和孩子沟通而烦恼？
>   Are you upset about lacking communication with children or not?
> - 是不是你的课本丢了，所以才拿复印本？
>   Are you using a copy because of losing your textbook or not?
> - 《大鱼》这部动画片大家都看过了，是不是？
>   Has everyone watched the animated movie "Big Fish" or not?

My personal world 个人世界

课文理解 Reading Comprehensions

① 为什么需要了解亲子关系？

② 什么是亲子关系？

③ 如何建立良好的亲子关系？

④ 建立良好的亲子关系有什么意义？

⑤ 如何掌握培养亲子关系的"度"？

概念与拓展理解 Concepts and Further Understanding

① 课文二是什么文体？ What is the text type of text 2?

② 课文二是谁写的？ Who wrote this text?

③ 课文二是怎样清楚地向读者介绍亲子关系的？
How does text 2 introduce parent-child relationship to the readers in detail?

④ 你认为文章给的建议有用吗？你会把文章的建议介绍给你的父母吗？
Do you think the suggestions from the text are helpful? Will you introduce them to your parents?

⑤ 在如何与父母建立良好的亲子关系的问题上，语言能发挥什么作用？
In the issue of establishing a healthy parent-child relationship, how can languages contribute to it?

Lesson 3 : Home life 家庭生活

语言练习 Language Exercises

把下面的词语组成正确的词组。Connect the corresponding words below to form a correct phrase.

① 培养　　关系　　② 养成　　习惯
　 引导　　情感　　　 端正　　发展
　 亲子　　方向　　　 促进　　态度

从生词表里找出下列词语的同义词。
Find the synonyms of the following words in the vocabulary list.

③ 修养_____　④ 顺序_____　⑤ 抉择_____

从生词表里找出下列词语的反义词。
Find the antonyms of the following words in the vocabulary list.

⑥ 活期_____　⑦ 讨厌_____　⑧ 外围_____

选择正确的词语填空。Fill in the blanks with the right words.

> 意义　　社会　　责任感　　度　　端正　　亲子关系

⑨ 父母不应该一直打骂孩子，这样会伤害_____。
⑩ 让孩子实际参与到家务中，能唤醒他们对家庭的_____。
⑪ 年轻人要在_____实践中增长才干。
⑫ 只有_____学习态度，学习才会进步。
⑬ 凡事都要掌握一个_____，做得太过了，反而对自己不好。
⑭ 人的一生要过得有_____，不要整天无所事事。

将下面多多说的话改成使用"是不是"的正反疑问句。
Transfer the sentences that "多多" said into affirmative-negative questions with the word "是不是".

⑮ 凯瑞：我数学题不会做，跑去办公室找老师，但老师不在。
　 多多：老师可能去开会了。

⑯ 凯瑞：我给我的外国朋友煮水饺吃，可是他咬一口就吐出来了。
   多多：你的水饺煮熟了吗？

⑰ 凯瑞：我在机场等韩国明星 BTS 等了快一个小时了，他们到现在还没出现。
   多多：可能是天气不好，飞机晚点了。

课堂活动 Class Activities

画一画 Draw a picture

画一画你家的平面图，图中包括家里的各个房间和角落。在平面图中画出或填写：
Trace out a plan of your home including every room and corner. Write down the answers of the following questions below on your plan:

- 平常家里最热闹的地方
- 平常家里最冷清的地方
- 在家中最常听到的话有哪些
- 一想到家，你会有哪些联想
- 你希望家庭氛围是怎样的

- The most lively place
- The most deserted place
- The most common conversations
- The thoughts that come to mind when you are thinking of home
- The ideal home atmosphere

Lesson 3: Home life 家庭生活

口语训练 Speaking Tasks

语文　数学　英语　钢琴

第一部分 根据图片，做 3-4 分钟的口头表达。做口头表达之前，先根据提示写大纲。

Make a 3-4 minutes oral presentation based on the picture. Before you start, use the form below to make an outline.

大纲 Outline	内容 Content
图片内容 Information of the picture	
图片主题 Theme of the picture	
提出观点 Make your points	
延伸个人经历 Relate to personal experiences	
名人名言 Famous quotes / 熟语 Idioms	
总结 Summary	

My personal world 个人世界

第二部分　回答下面的问题。Answer the following questions.

① 亲子关系不好都是父母的错吗？
② 有些同学认为亲子关系不重要，你怎么看？
③ 你给你的父母过过生日吗？为什么？
④ 父母在对你的教育上有不同意见吗？你会如何处理呢？
⑤ 有些人认为只有听父母的话，今后的人生才会顺利。你同意吗？

Tips

采用分论点支持观点
Apply sub-arguments to support your thesis

在回答老师的问题时，可以通过分论点来把自己的观点说清楚，也可以通过举例子或引用熟语等加以解释说明，证明自己的观点，避免碎片式的思维，或者重复同一个观点，绕来绕去。

例如：第5题，可以分成两个论点：同意或者不同意。同意的话，可以引用俗语"不听老人言，吃亏在眼前"，"父母吃的盐比我们多，走的路比我们长"等来印证自己的观点。

不同意的话，可以通过列举只听父母的话，没有独立思考的青年人，进入社会后，没办法出人头地等，再联系生活实际说明自己的观点。

When you answer a question, you can explain your thesis through sub-arguments, also it is effective to apply examples or idioms. These measures are helpful to prove your point, and avoid fragmented thinking or repeating the thesis.

For example, there are two perspectives you can decide in question 5: agree or disagree. If you agree, you can quote some idioms like " 不听老人言，吃亏在眼前 " (If one doesn't heed the elder's advice, he or she will suffer losses) and " 父母吃的盐比我们多，走的路比我们长 " (Parents eat more salt than us, walk longer distances than us) to prove your points.

If you disagree, you should say that there are obedient teenagers, who only listen to their parents, were found unsuccessful when they get into society, then explain your viewpoint further with real-life experiences.

技能训练 Skill Tasks

阅读训练 Reading Tasks

文章 1 问答卷

仔细阅读下面的短文，然后回答问题。
Read the passage carefully and answer the following questions.

同学们，今天我们先来做一份问答卷。请在横线上写上你的答案。

第一题：

小丽长得漂亮可爱，脾气也很好。宋江事业有成，对她很好。可是，有一天，全家人出去登山的时候，小丽不小心从山上摔了下来，把两条腿摔断了，再也不能走路。你认为这时候宋江会：

A. 继续和小丽一起生活

B. 虽然没有离开小丽，但是心里不再爱小丽

C. 离开小丽

你的答案是：_____

第二题：

李白长得很帅，是很多人心目中的白马王子，还自己开公司。小贞赚钱不多，但每天上班。有一天，李白的公司倒闭了，不得不卖掉房子和车子来给员工发工资。李白什么也没有了，这时候小贞会：

A. 仍然和李白待在一起生活

B. 暂时不会离开李白，以后再做打算

C. 马上离开李白

你的答案是：_____

同学们，请算一下，全班第一题选 C 的有_____人？全班第二题选 C 的有_____人？

现在请大家把第一题的宋江换成父亲，小丽换成女儿。请重新做第一题。

请算一下，全班第一题选 A 的有_____人？

现在请大家把第二题的小贞换成母亲，李白换成儿子。请重新做第二题。

请算一下，全班第二题选 A 的有_____人？

同学们，调查显示，在第一次做题时有 70% 的人第一题都选 C，而 60% 的人第二题选 C。在第二次做题时，全班 100% 的人两题都选 A。为什么呢？因为大家在第一次做题的时候，把题目中的男女当成夫妻。为什么换成父母，大家的答案却全部是一样的？因为同学们都明白，作为父母，他们不会因为身体的残疾、金钱、美貌来选择是否爱我们。父母的爱永远是无私的。

下面请同学们回答老师的最后三个问题：

1. 你的父母是否每年给你庆祝生日？
2. 你是否曾经为父母庆祝过生日？
3. 请在横线上写上你父母的出生年月日。

父亲：_____　　母亲：_____

反思：为什么父母能记住你的生日，而你却记不住他们的生日呢？

改编自：https://zhidao.baidu.com/question/557648975.html

根据以上短文把下列词语和句子配对。

Match the sentence with the words according to the short passage above.

例：小丽　　　　　__D__　　A. 有一份很好的工作。
① 宋江　　　　　_____　　B. 认为宋江不会离开小丽。
② 李白　　　　　_____　　C. 认为小贞会马上离开李白。

Lesson 3：Home life 家庭生活　67

③ 小贞　　　_____
④ 70% 的人　_____
⑤ 60% 的人　_____

D. 长得漂亮，脾气也好。
E. 认为小贞会暂时离开李白。
F. 是老板。
G. 对小贞很好。
H. 认为宋江会离开小丽。
I. 工资不高。

根据短文填空。 Fill in the blanks with the given words.

例：小丽 _的_ _腿_ _摔断_ 了。

腿　　脚　　的　　摔断

⑥ 李白没有钱了，_____ _____ _____ 给员工发工资。

卖掉　　房子　　还钱　　决定

⑦ 父母不会_____孩子是否_____来_____是否爱他们。

选择　　有钱　　孝顺　　因为

文章 2　回家的感觉真好

2021 年 2 月 2 日　　　　　星期二　　　　　晴

① 到中国农村参加学校组织的义工活动已经一个月了。这是我离家时间最长的一次。在这一个月里，我经历了出门在外的各种不适和艰辛。农村环境不如城市，饭又干又硬，木床更是让我每晚都不能入睡。这时候，我特别想回家吃一口妈妈做的饭，睡一晚家里的床，听一下父亲的唠叨，我已经明白那是爸爸妈妈对孩子的关怀和怜爱。家，原来是我最思念的地方！

❷ 今天，夏令营终于结束了，一下车，我就上气不接下气地往家里跑。还没到门口，就闻到了饭菜的香气，原来妈妈已经做好了饭菜在家等着我呢。吃着她做的饭，我的眼泪瞬间流了下来。多么熟悉的味道啊！为什么以前我都没有觉得妈妈做的饭会这么好吃？吃着妈妈给我夹的菜，心里格外温暖，这是一种从未有过的感觉，无法用语言来形容。

❸ 吃完晚饭后，爸爸还亲自做富含维生素的果汁给我喝。弟弟静静地坐在一旁，耐心地听我讲我在农村的各种经历。做义工后，我才知道只有在家才可以享受不受任何约束的自由，可以和弟弟大声吵闹，可以在家里播放卡拉OK，大声高歌，真是快乐极了！说实在的，以前觉得家并不怎么好，也不温馨。妈妈的唠叨，爸爸的责骂，弟弟的吵闹，一度让我想离家出走。现在想来，真是可笑。直到去农村做义工，我才知道家的可爱和温馨。我坐在沙发上，悠闲地享受着父母无微不至的关怀，觉得自己是世界上最幸福的人。

❹ 夜晚来临，我打开桌上的台灯，躺在软软的床上，三十天的苦和累在此刻全部都消失了。都说家是永远的避风港，真是没错，回家的感觉真好！

根据文章2，找出与各个段落相应的段落大意。把答案写在横线上。

According to passage 2, find out the main idea of each paragraph and write the answers on the lines.

① 第 ❶ 段 _____   A. 家是最温馨最自由的地方。
② 第 ❷ 段 _____   B. "我"在农村做义工的感受。
③ 第 ❸ 段 _____   C. 回家吃妈妈煮的饭菜感觉到家的温暖。
④ 第 ❹ 段 _____   D. 回家的感觉真好。
　　　　　　　　　　E. "我"到农村做义工。
　　　　　　　　　　F. 和弟弟分享"我"做义工的经历。

根据 ❶，选出最接近左边词语的解释。把答案写在横线上。
According to ❶, choose the correct definitions and write the answers on the lines.

⑤ 义工 _____　　A. 亲身见过、做过或遭受过
⑥ 经历 _____　　B. 去农村工作很有意义
⑦ 艰辛 _____　　C. 疼惜
⑧ 唠叨 _____　　D. 自愿参加公益活动的人
⑨ 怜爱 _____　　E. 可怜的爱人
⑩ 思念 _____　　F. 说话重复或围绕一个道理说差不多相同的话
　　　　　　　　　　G. 想着或回忆一件事或一个人
　　　　　　　　　　H. 知道
　　　　　　　　　　I. 生活、工作等条件差，十分困难

根据 ❶，回答下面的问题。**Answer the following question according to ❶.**

⑪ 写出"我"特别想回家做的事。

a. _____
b. _____
c. _____

根据 ❷、❸，选出五个正确的叙述。把答案写在横线上。
According to ❷ and ❸, choose five correct descriptions and write the answers on the lines.

文中提到"我"回家感觉很好的原因包括：

⑫ _____　　A. 妈妈做的饭菜很好吃。
　_____　　B. 弟弟很安静。
　_____　　C. 可以享受父母对"我"的关心。
　_____　　D. 在家里觉得很快乐。
　_____　　E. 在家里很自由。
　　　　　　　F. "我"有自己的台灯。
　　　　　　　G. 家里的床很柔软。
　　　　　　　H. 可以在家里大声唱歌。

选出正确的答案。**Choose the correct answer.**

⑬ 这是 _____。

A. 一篇日记　　B. 一张宣传单　　C. 一封书信　　D. 一篇访谈稿

70　● My personal world　个人世界

Tips

理解题目 Comprehend titles

题目是文章的眼睛，也是理解文章的线索。学会对题目质疑，不仅有利于对文章内容的理解，而且还可以很好地把握作者的写作思路。养成见到题目就提问题的习惯，可以增加中文阅读的兴趣。结合文章二的题目，试着提出三个问题。

Titles are the eyes of the passages, they are also the essential clues, leading us to have comprehension. Through questioning the title, we could have a better understanding of the content, also the threads of writing are more clear to us. The habit of having questions in mind when you see a title can enhance the interest of reading. Try to make three questions after you examine the title of passage 2.

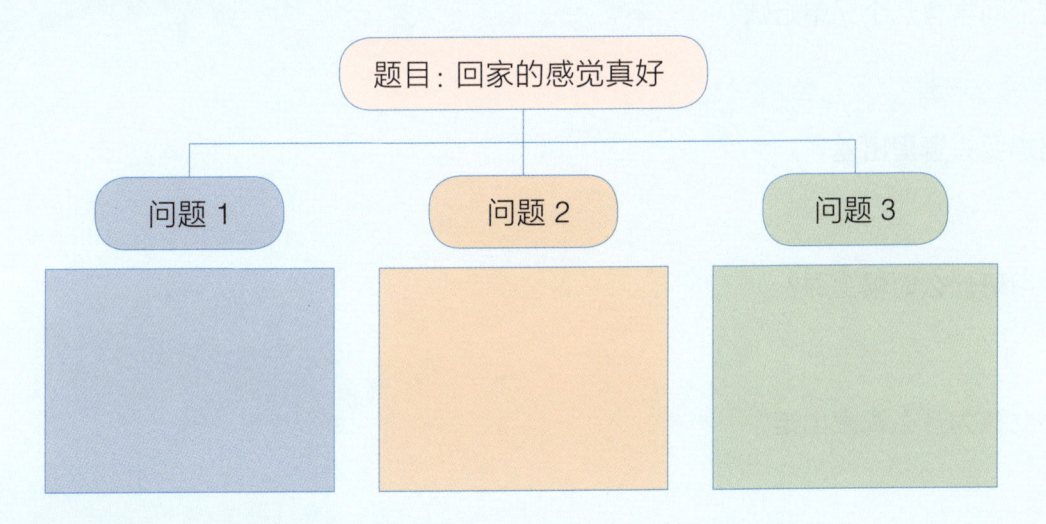

题目：回家的感觉真好

- 问题 1
- 问题 2
- 问题 3

提问题可以从以下三个角度去展开：

There are three points of view you can start with:

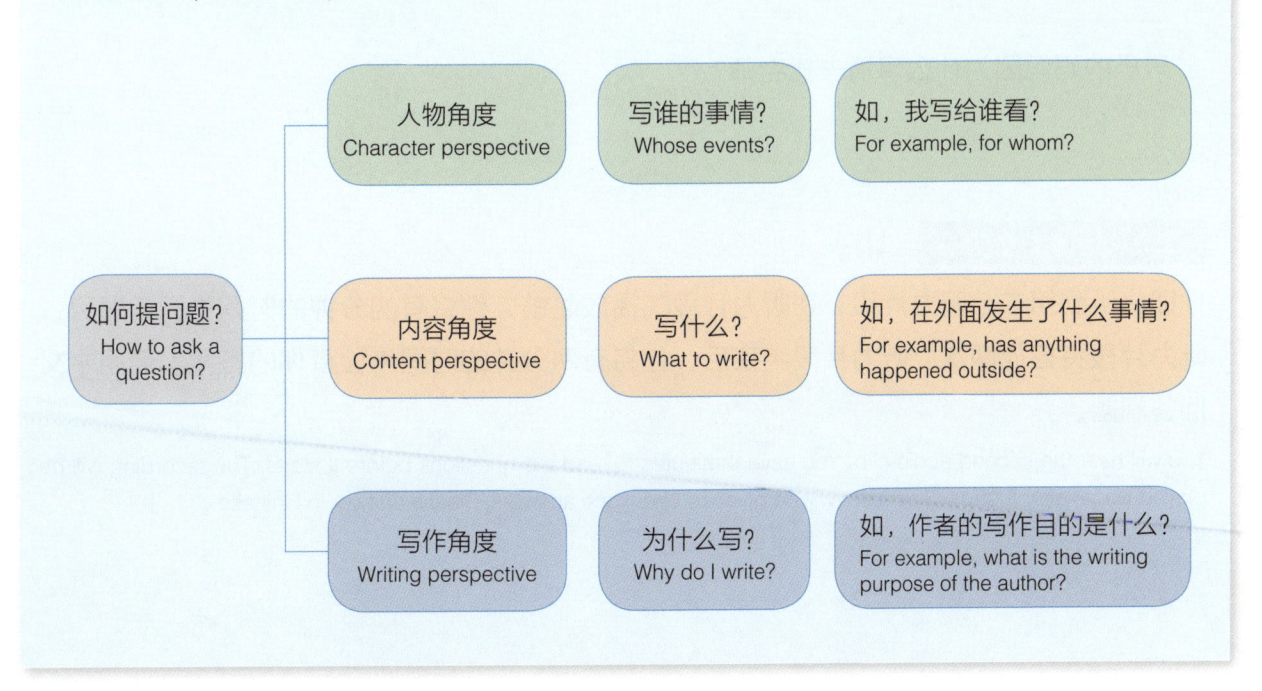

如何提问题？
How to ask a question?

- 人物角度 Character perspective — 写谁的事情？Whose events? — 如，我写给谁看？For example, for whom?
- 内容角度 Content perspective — 写什么？What to write? — 如，在外面发生了什么事情？For example, has anything happened outside?
- 写作角度 Writing perspective — 为什么写？Why do I write? — 如，作者的写作目的是什么？For example, what is the writing purpose of the author?

听力训练 Listening Tasks

一、《家庭生活》 🎧 11

你将听到六段录音，每段录音两遍。请在相应的横线上回答问题 ①-⑥。回答应简短扼要。每段录音后会有停顿，请在停顿期间阅读问题。

You will hear 6 recordings, and each audio will be played twice. Answer the question ①-⑥ with short answers. There will be a pause after each recording is played. Please read the questions during the pause.

① 这个同学有几个兄弟姐妹？

_____

② 妈妈要去哪里出差？

_____

③ 补习班什么时候上课？

_____

④ 小女孩为什么离家出走？

_____

⑤《小欢喜》主要讲述了什么故事？

_____

⑥ 乐乐的妈妈因为什么事情去找老师？

_____

二、《我该怎么办》 🎧 12

你即将听到第二个听力片段，在听力片段二播放之前，你将有四分钟的时间先阅读题目。听力片段将播放两次，听力片段结束后，你将有两分钟的时间来检查你的答案。请用中文回答问题。

You will hear the second audio clip. You have 4 minutes to read the questions before it starts. The recording will be played twice, after it ends, 2 minutes will be given to check the answers. Please answer in Chinese.

根据第二个听力片段的内容，回答问题 ①-⑨ 。
According to the second audio clip, answer the question ①-⑨.

根据第二个听力片段的内容，从 A, B, C 中，选出一个正确的答案，把答案写在横线上。
According to the second audio clip, choose the right answer from A,B,C and write it on the line.

① 今晚这个节目的主题是什么？_____
　　A. 离家出走　　B. 我该怎么办　　C. 心灵空间

② 今天是什么日子？_____
　　A. 初一　　B. 没有提到　　C. 大年三十

③ 这个中学生给主持人写信的目的是什么？_____
　　A. 告诉大家他离家出走了。
　　B. 想让主持人和听众朋友给点儿建议。
　　C. 想述说自己家里的问题。

填空题，每个空格最多填三个词语。 Fill in the blanks.Three words for each blank at maximum.

　　其实，爸爸妈妈吵架，都是因为在对我的教育上【-4-】，谁也不赞同谁的教育方式。每次他们吵架，我也不知道听谁的，他们【-5-】，而我也不知道谁对谁错。正因为这样，我变得谁也不相信，人也容易【-6-】，人际交往就更别提了。当看见别人的父母带着自己的孩子去旅游时，我很羡慕，我只是要一个和和睦睦的家，为什么就这么难？俗话说，【-7-】，如果一家人都不能和睦相处，那还是家吗？

④ [-4-] _____
⑤ [-5-] _____
⑥ [-6-] _____
⑦ [-7-] _____

回答下面的问题。 Answer the following questions.

⑧ 面对父母的不断争吵，"我"感到……

⑨ 因为得不到父母足够的爱护和关心，"我"在学校变得怎么样？

> **Tips**

如何通过关键词语抓住观点？ How to catch the point through keywords?

在做听力的过程中，要学会抓住关键词语，结合听力材料提供的情境，快速抓住主要内容，才能听出听力材料要表达的观点和用意。

During the listening, you should try to grasp the keywords and combine them with the situation which is provided by the material. Once you fetch the main content, then the perspectives and purposes of the listening material can be ascertained.

例如 For example:

	问题 Question	关键词语 Keyword
①	为什么离家出走？ Why does the speaker run away from home?	爸爸妈妈的争吵 the quarrel between father and mother
②	为什么争吵？ Why do they quarrel?	对我的教育 the education for me
③	争吵的后果是什么？ What are the consequences?	恐惧和烦恼 fear and irritation

根据以上问题，得出文章的观点：我无法和别人相处，和同学打架。

再根据情境"春节到了，我一个人在学校"得出文章的用意：到底该不该回家，请求主持人给建议。

The point of view of the passage based on the questions above: I can't get along well with others and fight with classmates.

Then figure out the idea of the passage from the situation "It is Spring festival. I am alone in the school": whether I should go back home, hoping the host give advice.

写作训练：书信 Writing Tasks: Letter

热身

- 根据课文一，讨论书信的格式是什么。

    According to text 1, discuss the format of a letter.

● **如何写好一封书信？** How to write a proper letter?

> **Tips**
>
> 文体：书信
> Text type: Letter
>
> 因个人的事情写信给亲人、朋友、长辈的信件。
> A letter of personal matters sent to your family members, friends, and eldership.

格式 参考课文一

亲爱的 / 尊敬的 xx

□□开头：问候语 + 写信目的

□□正文：信的主要内容 + "我"的建议和想法

□□结尾：结束语 + 期待

□□祝
身体健康！

友
xx 年 x 月 x 日

Lesson 3：Home life 家庭生活 ● 75

练习一

你朋友的妈妈对她要求很严格，而且脾气不好，经常批评她。这对你朋友的学习造成了很大压力。她给你写了一封信，述说她的烦恼，请写封回信，给你的朋友一些建议，并说说你对亲子关系的看法。

以下是一些别人的观点，你可以参考，也可以提出自己的意见。但必须明确表示倾向。字数：250-300 个汉字。

> 亲子关系问题主要是家长的问题，建议家长去看心理医生。

> 亲子关系问题主要是孩子的问题，孩子应该多反思自己。

练习二

学校将主办一场关于亲子关系的座谈会，主要是跟家长分享如何处理亲子关系，为家长提供帮助。你觉得这个座谈会很好，想让你的父母也参加。请给你的父母写一封信，说明这次座谈会的重要性，鼓励他们来参加家长座谈会。字数：300-480 个汉字。

My personal world 个人世界

🏷️ Tips

如何审题？
How to analyze a writing topic?

在写作文之前，要先读懂题目的要求，找出关键词语，了解写作范围，确定人称和文体等。认真审题是为了保证后面的写作不离题。现在试着找出两个写作练习的关键词语、写作范围、人称和语气。

When we are drafting, it is necessary to read the requirements, find the keywords, understand the writing scope, determine the point of view and the text type,etc. Analysing a topic seriously, so that we won't digress in the writing. Now please take a look at exercise 2 and find out the keywords, scope of writing, point of view, and tone.

第一步：找关键词语，即题目中的重要信息。
Step 1: Find the keyword, which is the crucial information in a topic.

第一题的关键词语是：妈妈、朋友、学习压力
The keyword in the first topic is: mother, friend, and academic pressure.

第二题的关键词语是：家长、座谈会、参加
The keyword in the second topic is: parents, seminar, and participation.

第二步：了解题目对写作范围的限制。
Step 2: Under the range and the limit of your topic.

第一题：写信对象是朋友，不是妈妈。
Topic 1: The letter receiver is a friend, not a mother.

写信内容：建议和看法
Text: suggestions and opinions

第二题：写信对象是家长，不是同学。
Topic 2: The letter receivers are parents, not a classmate.

写信内容：参加座谈会的重要性
Text: The importance of participating in the seminar.

第三步：确定人称和语气。
Step 3: Determine the point of view and the tone.

第一题：写给朋友，语气非正式，人称以第一人称"我"来说明看法和建议。
Topic 1: On the occasion of a letter to a friend, we should adopt the colloquial language and first-person perspective in the explanations of opinions and suggestions.

第二题：写给家长，语气要正式，对家长应称"您"。
Topic 2: On the occasion of a letter to parents, we should apply the formal language and respectful addresses.

Our world
我们的世界

Unit 2

Lesson 4 — **The evolution of language**
语言的演变

Lesson 5 — **Language and identity**
语言与身份认同

Lesson 6 — **Communication and media**
交流与媒体

Lesson 4

The evolution of language
语 言 的 演 变

导入 Introduction

汉字是目前为止连续使用时间最长的文字。文字是广大人民群众根据实际生活的需要，经过长期的社会实践慢慢丰富和发展起来的，是各种生活经验影响、总结的结果。了解汉字的发展和变化有助于增强年轻人对中华文化的认同感。

The Chinese characters are the oldest continuously used language system in the world. A well-developed language is rooted in practical needs and long-term social practice. It is the collection of various life experiences. Learning the developments and changes of Chinese characters contributes to the recognition of Chinese culture for young people.

学习目标 Learning Targets

阅读 Reading

- 能够使用略读法进行阅读。
  Read a text with the skimming method.

口语 Speaking

- 学会如何谈感受。
  Learn to express your feelings.
- 学会如何让口头表达更生动。
  Understand how to make a vivid expression.

听力 Listening

- 能够抓住说明事物的特点。
  Listen and catch the characteristics of an object.

写作 Writing

- 掌握片段式结构的写作方法。
  Understand the segmental writing method.

生词短语

fàng qì	放弃 give up
fā zhǎn	发展 develop
jì zǎi	记载 record
yōng yǒu	拥有 have
jīng lì	经历 to experience
tǒng yī	统一 unify
qín cháo	秦朝 Qin Dynasty
chā yì	差异 difference
fù zá	复杂 complicated
liú chuán	流传 circulate
zhōng duàn	中断 discontinue
fán tǐ zì	繁体字 traditional Chinese characters
jiǎn tǐ zì	简体字 simplified Chinese characters
ào mén	澳门 Macau
dōng nán yà	东南亚 Southeast Asia
xì tǒng	系统 system
zhǎng wò	掌握 learn
cháng yòng zì	常用字 common words
diào dòng	调动 maneuver
yóu cǐ kě jiàn	由此可见 this shows that...
kǎo lǜ	考虑 consider

1 课文　中文难学吗

叶小祥

很多中学生认为中文比英文难学，学中文常常学到一半就放弃。真是可惜！我觉得大家应该了解一下汉字的发展过程，再决定是否放弃学习中文。

首先，让我来介绍一下汉字的历史。

汉字是由中国人发明的记载工具，是世界上最古老的文字之一，拥有六千多年的历史，经历了不同的变化。中国统一之前，各地使用的文字各不相同，造成了交流上的困难。从秦朝开始，中国有了统一的文字。尽管汉语方言差异很大，但是书写的统一，减少了方言差异造成的交流不便。

甲骨文　金文　小篆

其次，几千年来，汉字的书写方式变化不大，使得现代人还可以阅读古文字。但随着全球化的发展，在越来越多的人学习西方文化的同时，国外很多华人的后代却开始放弃学习汉字。他们觉得汉字书写复杂，跟西方字母相比，汉字很难写，也很难认。不过他们可能不知道，汉字是目前世界上唯一流传到现在都没有中断的文字，而现代英文与几百年前的已很不相同，更别说几千年前的了。

再次，目前的汉字字形分为繁体字和简体字，繁体字主要在中国台湾、香港和澳门地区使用，简体字主要在中国大陆和东南亚等华人社区使用。虽然两种汉字书写系统不同，但差别不大，所以不存在交流问题。

最后，学过汉语的外国人都认为学汉字有一个优点，那就是一开始学习难度虽然很大，但掌握了常用字后，就不用像学习英文那样，需要记大量的单词。此外，学习汉字还能充分地调动大脑的学习能力。

由此可见，汉语是开始学习的时候难度大，但后面学习起来会比较容易。而英文是开始学习的时候很简单，可是越往后学越难。因此，中学生要好好考虑一下，学中文不要学到一半就放弃。

Culture Point

文字的由来和演变 The origin and evolution of Chinese characters

汉字是世界上使用时间最久、空间最广、人数最多的文字之一，汉字的创制和应用不仅推进了中华文化的发展，还对世界文化的发展产生了深远的影响。

The Chinese characters system is one of the character systems with the longest history, the widest range, and the largest number of users in the world. The creation and applying of Chinese characters not only promote the development of Chinese culture, but also exert long-term influence for culture around the world.

汉字的发明经历了漫长的过程。在文字还没被创造出来的时候，人们在绳子上打结记事。

The prototype of Chinese characters has experienced for years. Before the creation of characters, people used knots to record their lives.

在与大自然斗争的过程中，有时需要用图形或图画来表示事物。比如说远出狩猎，为了防止迷路，人们会在岩石上或树干上做一些标记或符号。慢慢地，这些符号逐渐推广开来，就形成了文字。汉字经过了六千多年的变化，其演变过程是：甲骨文、金文、大篆、小篆、隶书、楷书。

During the course of confronting nature, there were needs to signify objects with pictures. For instance, people made signs on the rocks or tree trunks in case of losing their way during huntings. Gradually, these signs spread to the crowd and became characters. The order of 6000 years' evolution of Chinese characters is: oracle-bone inscriptions, bronze inscriptions, large seal script, small seal script, clerical script, and regular script.

🔍 语法重点 Key Points of Grammar

动词 + 一下　　Verb + "一下"

① 表示动作的时间短。Indicate the time of an action is short.

> **E.g.** ● 下课了，我们休息一下吧。It's after class, let's take a break.

② 表示缓和的语气。Indicate a moderate tone.

> **E.g.** ● 老师，这是我的作业，您检查一下吧。Teacher, this is my homework, please take a look.
> 比较：老师，这是我的作业，您检查吧。（语气比较直接，不客气）
> Comparison: Teacher, this is my homework, please check it. (The tone is more direct and less modest.)

③ 表示一种尝试。Indicate attempts.

> **E.g.** ● 这条裙子真可爱，让我试一下。What a lovely dress, please let me try it.

📖 课文理解 Reading Comprehensions

① 世界上最古老的文字只有中文，对吗？

② 中国统一之前，为什么交流上有困难？

③ 为什么现代人可以阅读古文字？

④ 为什么华人的后代放弃学习和使用汉字？

⑤ 外国人认为汉字学习起来有什么优点？

概念与拓展理解 Concepts and Further Understanding

① 课文一的写作目的是什么？ What is the writing purpose of text 1?

② 作者是如何达到他的写作目的的？ How does the author accomplish his writing purpose?

③ 课文一是什么文体？ What is the text type of text 1?

④ 所有的知识都能用文字或符号记录吗？
Can all the knowledge be recorded by characters or signs?

⑤ 如果全世界只用一种语言，我们将失去什么？
What will we lost if we only use one common language?

语言练习 Language Exercises

在方块里填字，使内框与外框的字组成词语。

Fill in the outer boxes to make compound words with the inner box.

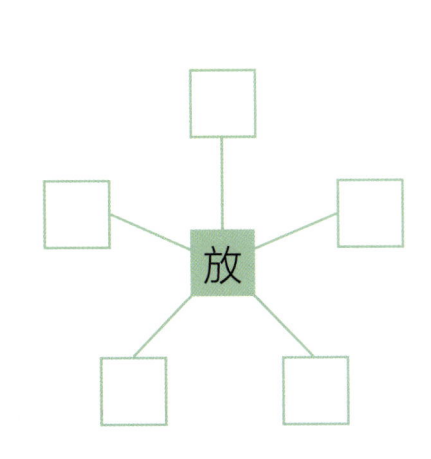

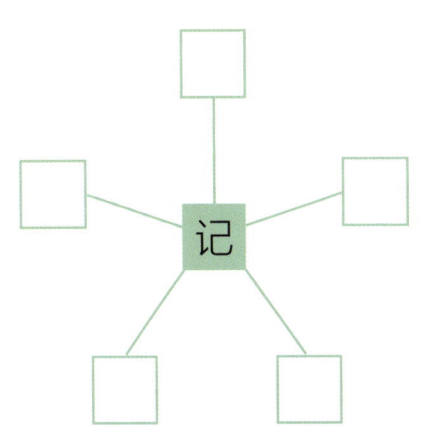

① 放

② 记

从所提供的选项中选出正确的答案。 Choose the correct answer from the following choices.

③ 随着中国经济的发_____，学习汉语的人越来越多。
   A. 盏   B. 展   C. 捱   D. 斩

④ 我的日记记_____着生活中每一个幸福的片段。
   A. 仔   B. 哉   C. 栽   D. 载

⑤ 每个儿童都_____有受教育的权利。
   A. 拥   B. 用   C. 佣   D. 涌

⑥ 只有_____历过苦难的人才更懂得珍惜幸福。
   A. 劲   B. 泾   C. 经   D. 径

⑦ 对这件事，大家已经达成了_____一的意见。
   A. 充   B. 通   C. 芫   D. 统

选出与下列划线词语意思相同的选项。 Choose the synonyms of the underlined words below.

⑧ 这件事太<u>复杂</u>，不是一两句话就能说清楚的。 ☐
   A. 纷乱   B. 顺利   C. 复习   D. 简单

⑨ 我国古代<u>流传</u>下来许多著名的故事。 ☐
   A. 流动   B. 传播   C. 传统   D. 流言

选择正确的词语填空。 Fill in the blanks with the right words.

> 中断   系统   掌握   常用字   调动   由此可见   考虑   差异

⑩ 中国南北方的气候_____很大。

⑪ 在中文课堂上，老师总是想办法_____我们学习中文的积极性。

⑫ _____，这次的病毒传播有多严重。

⑬ 请你再_____一下我的意见。

⑭ 学会3000个汉语_____，肯定比掌握26个英文字母要难很多。

⑮ 要多_____一些阅读方法，这样阅读的速度才会加快。

⑯ 妈妈劝他不要_____学业，因为读书是唯一可以改变生活的方法。

⑰ 这次考试，我因为没有时间_____地复习，结果没有考及格。

用"动词 + 一下"完成下面的句子。**Complete the sentences with "verb + 一下".**

⑱ 每天早上，我都会到操场_____。
⑲ 妈妈，你能帮我_____房间吗？
⑳ 我们去超市_____吧。
㉑ 我下载了新的游戏，你想不想_____？
㉒ 爸爸：快点，我要把车开走了。
　　孩子：_____，马上就来。

课堂活动 Class Activities

识字 Literacy

你能看出下面的图案里有几个汉字吗？写在方框里。
Challenge yourself with the picture below, and see how many Chinese characters you can recognize and write down in the box.

口语训练 Speaking Tasks

第一部分　根据主题"汉字的发展"，做 2-3 分钟的口头表达。做口头表达之前，先根据提示写大纲。

Make a 2-3 minutes oral presentation on the theme "the development of Chinese characters". Before you start, use the form below to make an outline.

大纲 Outline	内容 Content
观点 Perspectives	
事例 Examples	
名人名言 Famous quotes / 熟语 Idioms	
经历 Experiences	
总结 Summary	

第二部分　回答下面的问题。Answer the following questions.

① 谈谈你学习中文的感受。

② 汉字有什么特点？

③ 有人认为中文是世界上最难学的语言，你同意吗？

④ 汉字分为哪两种字形？分别在哪些地方使用？

⑤ 汉字有哪些优点？哪些缺点？

Tips

如何谈感受？ How to express feelings?

在针对某件事谈个人感受的时候，可以采用"说出感受—解释原因—总结"的步骤。
When you express personal feelings on something, try out the steps "speak it out, explain it clearly, and sum it up".

例如：谈谈你学习中文的感受。

步骤 Step	要点 Point	提示 Example
第一步 Step 1	说出感受 Speak it out	有喜也有悲 The mixture of joys and sorrows
第二步 Step 2	解释原因 Explain it clearly	1. 高兴的是，可以用中文和中国人交谈，到中国可以自由旅行，可以看中文电影、听中文歌曲。 The joys are that I can talk to Chinese with their language, roaming around in China, watch Chinese movies, and listen to Chinese music. 2. 难过的是，每次考中文都考不及格，因为汉字太难写了，记不住。 The sorrows are that I fail in every Chinese test because the Chinese characters are too difficult to write and memorize.
第三步 Step 3	总结 Sum it up	尽管学中文有喜也有悲，但我觉得学中文很重要，要不怕失败，坚持学下去。 Even though there are joys and sorrows in the course, learning Chinese is still essential for me, and I shall go on regardless of failure.

2 课文 请求关注校园网络用语问题

尊敬的校长：

您好！我是学生会会长颜小申。此次写信是向您反映网络用语对我校学生学习语言所造成的影响，请求校长多关注我们校园的网络用语问题，希望我的建议能引起您的重视。

网络语言具有简单、方便和形象的特点，深受青少年喜爱。他们不仅在网上创造、传播网络语言，而且还将它们用到自己的作文、日记，以及学校的报纸中。网络语言对中小学生的语言文字学习已经产生了严重的负面影响。虽然说年轻人在网上使用网络语言可以释放学习压力，但中小学生正处在语言能力的提高阶段。经常与网络打交道，使用不规范的网络语言，不仅给他们造成一定的认读困难，而且还让学生养成不规范运用语言文字的坏习惯，从而影响正常的语言学习，应该引起学校的重视。

网络上的文章大多是网民"贴"上去的，这些文章没有经过检查，错别字一大堆。如果学生经常接触网络，花过多的时间在网上学习这些不规范的语言材料，他们的语言运用能力不但不能提高，反而会下降。这个问题值得我们关注。中小学生应该通过学习规范的语言文字和优美的文章来提高中文水平。

我认为网络语言已经对中国语言文字产生了负面影响。任何事都有两面性，我们不可能一味地去禁止网络语言，重要的是我们如何去正确引导学生，使他们能更好地利用网络进行规范的学习。

生词短语

反映 fǎn yìng reflect
网络用语 wǎng luò yòng yǔ Internet slang
关注 guān zhù pay attention to
建议 jiàn yì suggest
重视 zhòng shì focus on
形象 xíng xiàng vivid
传播 chuán bō spread
负面影响 fù miàn yǐng xiǎng negative effect
释放 shì fàng release
规范 guī fàn specification
认读 rèn dú recognition
阶段 jiē duàn stage
打交道 dǎ jiāo dào deal with
检查 jiǎn chá checking
错别字 cuò bié zì typo
接触 jiē chù contact
两面性 liǎng miàn xìng two sides
禁止 jìn zhǐ prohibit
建立 jiàn lì build up

我请求学校建立与网络语言发展相适应的校规，引导和规范学生正确使用网络语言。听说您一向关心学生的健康成长，希望能尽快收到您的回复。

此致

敬礼！

学生会会长

颜小申

2021 年 3 月 3 日

语法重点 Key Points of Grammar

人称代词 Personal Pronouns

第一人称：我、我们。
First person: 我 (I), 我们 (we).

第二人称：你、你们；表示对对方的尊敬时用"您"。
Second person: 你 (you), 你们 (you), and the formal form used express respect to "您"(you).

第三人称：他 / 她、他们 / 她们、它 / 它们。
Third person: 他 / 她 (he / she)、他们 / 她们 (they)、它 / 它们 (it / they).

> **E.g.**
> - 我是学生会会长颜小申。
>   I am the student president Yan Xiaoshen.
> - 请求校长多关注我们校园的网络用语问题。
>   Mr. Principal, please pay more attention to the Internet slang issue in our school.
> - 希望我的建议能引起您的重视。
>   I hope my suggestions will attract your attention.
> - 他们不仅在网上创造、传播网络语言，而且还将它们用到自己的作文、日记，以及学校的报纸中。
>   They not only creat and spread slang online, but also use them in their compositions, diaries, and school newspapers.

课文理解 Reading Comprehensions

① 网络语言有哪些特点？

② 青少年在哪些地方使用网络语言？

③ 网络语言对中小学生的语言文字学习产生了哪些负面影响？

④ 为什么说网络上的文章不规范？

⑤ 如何才能提高中文水平？

概念与拓展理解 Concepts and Further Understanding

① 课文二的文体是什么？ What is the text type of text 2?

② 课文二的写作目的是什么？ What is the writing purpose of text 2?

③ 课文二的写作对象是谁？写作对象不同，文章的语气会改变吗？
Who is the target audience in text 2? Will the tone change along with the target audience?

④ 如果语言是有规范的，那么在多大程度上，我们可以挑战和打破这些规范？
If languages have specifications, to what extent can we challenge and break these rules?

⑤ 网络语言是否会妨碍我们获得知识？ Will the Internet slang become the obstacle of acquiring knowledge?

语言练习 Language Exercises

把下面的词语组成正确的词组。Connect the corresponding words below to form a correct phrase.

① 反映　　　传播　　　② 保持　　　重视
　 提出　　　情况　　　　 引起　　　作业
　 禁止　　　建议　　　　 检查　　　形象

从生词表里找出下列词语的同义词。
Find the synonyms of the following words in the vocabulary list.

③ 注重_____　④ 样板_____　⑤ 联系_____

从生词表里找出下列词语的反义词。
Find the antonyms of the following words in the vocabulary list.

⑥ 不屑_____　⑦ 允许_____　⑧ 取消_____

选择正确的词语填空。Fill in the blanks with the right words.

> 认读　阶段　打交道　规范　错别字　负面影响　两面性　禁止

⑨ 他的作文写得很_____。
⑩ 阅读理解考得不好，主要是因为许多学生不能正确_____生词。
⑪ 期中考试快到了，我们进入了紧张的复习_____。
⑫ 澳洲森林的大火对世界环境产生了_____。
⑬ 老师说我的作文里_____太多，所以作文得分很低。
⑭ 我因为不喜欢和人_____，所以每次聚会都不知道要说什么。
⑮ 凡事都有_____，不存在谁对谁错。
⑯ 图书馆_____学生大声说话、吃东西。

判断下面人称代词的使用是否正确，如果错误请改正。
Determine whether the personal pronouns in the following sentences are used appropriately or not, and correct them if there is any mistake.

⑰ 小童说它一定要坚持长跑锻炼，这样身体才能保持健康。

⑱ 爸爸对我说："他今天加班，很晚才会回来。"
⑲ 小红给老师打电话说："她今天可以晚点来学校吗？"
⑳ 妈妈伤心地告诉我，他们的邻居昨天走了。
㉑ 老师认为我们都是我最好的学生。
㉒ 老师对我说："你回去吧，她还要批改作业。"

课堂活动 Class Activities

写一写，说一说 Write and share

你知道的网络用语都有哪些？请写下来和大家分享。

What Internet slang do you know? Write them down and share with us.

口语训练 Speaking Tasks

第一部分 根据图片，做 3-4 分钟的口头表达。做口头表达之前，先根据提示写大纲。

Make a 3-4 minutes oral presentation based on the picture. Before you start, use the form below to make an outline.

Lesson 4：The evolution of language 语言的演变

大纲 Outline	内容 Content
图片内容 Information of the picture	
图片主题 Theme of the picture	
提出观点 Make your points	
延伸个人经历 Relate to personal experiences	
名人名言 Famous quotes / 熟语 Idioms	
总结 Summary	

第二部分 回答下面的问题。Answer the following questions.

① 你平时会使用网络语言和同学、朋友聊天儿吗？
② 有人认为用网络语言和长辈发短信是不尊重的表现，你怎么看？
③ 很多人认为不使用网络语言就会被朋友瞧不起，你同意吗？
④ 写作文的时候可以用网络语言吗？为什么？
⑤ 有些学校禁止学生在校园里使用网络语言，你怎么看待这样的规定？

Tips

如何让口头表达更生动？
How to make lively expressions?

考生在口头表达时，注意调整语调，让说话的声音有升降轻重的变化，或者在说话的速度上有快慢的变化，不但能根据图片的情景表达出不同的情感，还能给考官带来惊喜。

When it comes to oral expressions, let your speech have changes in tone or speed. By doing that, you can give surprises to the examiner with the adaptability of emotions that are based on different scenarios.

例如，在表达第一次使用网络语言和朋友聊天儿很兴奋时，语调可以用升调，语速加快。在鼓励朋友应该好好使用正规的语言文字时，语调可以用降调，语速中等。在对校园禁止使用网络语言的规定表示同意时，表达肯定的情感应该用较重的语调，语速可以稍微快一些。

For example, when assuming that you are excited to use Internet slangs to communicate with your friends for the first time, you can speak in a speeded rising intonation. When it comes to encouraging someone, you should use formal words with a moderate falling tone. On the occasions of approving the regulations of prohibiting the Internet slang, you should speak with a slightly fast stressed tone.

技能训练 Skill Tasks

阅读训练 Reading Tasks

文章 1 为什么要简化汉字

仔细阅读下面的短文，然后回答问题。
Read the passage carefully and answer the following questions.

很长一段时间，网络上有些人认为应该坚持使用繁体字，不应该简化汉字。他们认为简化后的汉字没有了汉字基本的象形含义，缺乏美感。我认为人们之所以有这种想法是因为对汉字的发展缺乏了解，很容易"跟风跑"，从而赞同使用繁体字。

首先，大家应该明白文字最初的用途是记录。对于记录来说，最关键的是高效。古代刚出现文字时，是用刻字的方式来记录的，如果笔画太复杂，不但占的面积大，速度也慢。后来，中国人发明了印刷术，对部分汉字的笔画进行简化。笔画太多，印出来的字可能会看不清楚。从那时起，人们对文字进行了严格的规范，要求字形保持一致。于是文字就得到了统一，书写效率就更高了。

其次，文字要具备可识别性和易书写性，这样才能很好地传承下去。从汉字的发展过程来看，古代的汉字只有社会上层人士才会书写和识别。但随着不同朝代对文字的简化，不仅社会上层人士能写能认，很多平民也会写会认，这样的简化是为了提高汉字的易书写性和易读性。

最后，因为新中国成立后，不识字的人有四亿之多，教这些人认字、写字是个大问题。因此，我们需要简化汉字来提高书写效率和易识别性。于是，汉字又开始了新一轮的简化。

Tips

略读法 Skimming

和普通阅读需要一字不漏地将阅读材料全部看完不同，略读法是以最快的速度阅读文章，抓住内容的主要方面，略去不必阅读的部分。

Unlike the ordinary reading, which needs to read the whole material word by word, skimming means reading a text as fast as you can, then catch the main content, and ignore the unnecessary parts.

略读法可以增加阅读的数量，扩大视野，增广见闻，提高阅读效率，迅速掌握文章大意和要点。

Skimming can increase the quantity of books you read, extend your visions, and enhance your reading efficiency. By using it, the main ideas of a text can be catched rapidly.

略读法很简单，只要在文中找出"路标"就可以。"路标"通常由大小标题构成，或者是一些结构层次很清晰的词语，如"第一、第二、第三"，"首先、其次、最后"等。现在请找出文章 1 的"路标"，并归纳一下文章大意。

Skimming isn't that difficult. All you need to do is to find out "the coordinate" in the text. "The coordinate" is usually constituted by headlines and subtitles, or some words with clear structure. Such as "第一、第二、第三"(first, second, third), "首先、其次、最后"(primarily, then, finally). Now please find out the "coordinate" of passage 1, and generalize the main ideas of it.

综上所述，不论是从汉字的历史发展来看，还是从汉字的书写和交流需要来看，汉字确实需要简化。

根据以上短文，回答下面的问题。
Based on the passage above, answer the following questions.

① 为什么有些人不同意简化汉字？

② 为什么有些人会"跟风跑"？

③ "跟风跑"是什么意思？

④ 文字最初的用途是什么？

⑤ 古代人是如何记录文字的？

⑥ 为什么中国人发明了印刷术就要对汉字进行简化？

⑦ 文字要传承下去需要具备什么特点？

⑧ 古代的汉字发展存在什么问题？

⑨ 为什么中国不同的朝代都要对汉字进行简化？

⑩ 新中国成立后，有多少人不识字？

文章 2　网络语言

❶　为了提高网上聊天的速度，网民采取简单的打字方式进行沟通，于是就有了网络语言。网络语言作为一种次文化，越来越成为人们网络生活中必不可少的一部分。它是网络交流的一种语言，包括字母、符号、图片和汉字等多种组合。

❷　【 -1- 】

由于打字速度慢，大家就用字母替代汉字进行聊天，如：GG（哥哥）、PFPF（佩服佩服）、MM（美眉）等，这些字母通常是使用中文拼音的第一个字母，因其形式简单、打字快、容易理解，所以深受广大网民喜爱。

❸　【 -2- 】

有些网民借助数字的谐音来表达生活中常用的词语，如：886（拜拜啦）、9494（就是就是）等，他们觉得这样写起来简单，看起来也很清楚。

❹　【 -3- 】

当简单的字母和数字无法表达情感时，汉字混在一起，产生了网络上新的表达方式，如：幸程）、3q（谢谢你）。这样的表达不但看的喜爱。

❺　【 -4- 】

借助汉字或英语单词的谐音而产粉丝——英文 fans；果酱——过奖增加了文字的灵性，让网络聊天变

❻　总之，网络用语有它自身的

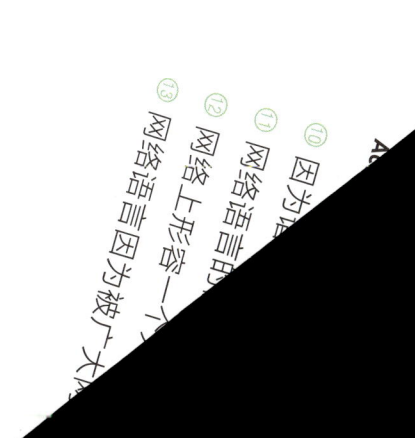

用"菜鸟"比说别人"差劲"好听，用"灌水"来形容在论坛上滥发帖子就很形象，换了其他词可能表达不出这种感觉。所以说，网络语言也是一种文化。

根据文章2，选出相应的选项，把答案写在横线上。
According to passage 2, choose the corresponding options and write them down on the lines.

① [-1-] _____   A. 数字型
② [-2-] _____   B. 中文型
③ [-3-] _____   C. 谐音型
④ [-4-] _____   D. 混合型
　　　　　　　　　　E. 英文型
　　　　　　　　　　F. 字母型

根据 ❶–❹，填写下面的表格。**Fill in the form according to ❶–❹.**

在句子里	这个字／词	指的是
⑤ 它是网络交流的一种语言……	"它"	
⑥ 这些字母通常是使用中文拼音的第一个字母……	"这些"	
⑦ 因其形式简单……	"其"	
⑧ 他们觉得这样写起来简单……	"他们"	
⑨ 网民就将它们与汉字混在一起……	"它们"	

根据 ❺–❻，从文章中找出最合适的词语完成下面的句子。
According to ❺–❻, complete the sentences with the most suitable words.

谐音词的运用，文字就变得更加有_____。
的使用，让网民聊天更_____了。
人事情做得不好，会说他／她是_____。
网民普遍使用，形成了一种_____。

听力训练 Listening Tasks

一、《学中文》 🎧 15

你将听到六段录音，每段录音两遍。请在相应的横线上回答问题 ①-⑥。回答应简短扼要。每段录音后会有停顿，请在停顿期间阅读问题。

You will hear 6 recordings, and each audio will be played twice. Answer the question ①-⑥ with short answers. There will be a pause after each recording is played. Please read the questions during the pause.

① 中文教室在几楼？

② 老师什么时候开始检查作业？

③ 中文老师周末有什么安排？

④ 老师让学生回家朗读句子给父母听的目的是什么？

⑤《与声剧来》广播剧创作比赛的主题是什么？请举出一个。

⑥ 小丁认为如果能花一点儿时间练习写字，有什么好处？请举出一个。

二、《中国人为什么使用汉字》 🎧 16

你即将听到第二个听力片段，在听力片段二播放之前，你将有四分钟的时间先阅读题目。听力片段将播放两次，听力片段结束后，你将有两分钟的时间来检查你的答案。请用中文回答问题。

You will hear second audio clip. You have 4 minutes to read the questions before it starts. The clip will be played twice, after it ends, 2 minutes will be given to check the answers. Please answer the questions in Chinese.

填空，每个空格最多填三个词语。
Fill in the blanks, three words for each blank at maximum.

学习中文的外国人一定想知道，为什么中国人使用汉字而不用【-1-】呢？这要说到中国汉字的发展史，不管哪一种文字，最早都是从图画开始的。由于口头语言受【-2-】的限制，人们就产生了把自己的话记录下来的想法。比较容易的办法就是【-3-】。可是，并不是每个人都会画画，那怎么办呢？人们就把图画简化，【-4-】。这样，画出来的图就越来越不像画了，反而变成了一种符号，这就是象形字。

① [-1-] _____
② [-2-] _____
③ [-3-] _____
④ [-4-] _____

在正确的选项里打勾（✓）。 Tick (✓) the correct options.

	象形	指事	会意	形声
⑤ 把表示意思的形旁和代表发音的声旁合在一起。	___	___	___	___
⑥ 把几个字合起来，形成新的意思。	___	___	___	___
⑦ 从图画发展来的。	___	___	___	___
⑧ 用象征的办法来表示意思。	___	___	___	___

选出五个正确的叙述。 Choose five correct descriptions.

⑨ _____ A. 简体字有利于初学者学习汉字。
　_____ B. "休息"的"休"是象形字。
　_____ C. "天空"的"天"是指事字。
　_____ D. 汉字在古代是词，英文字母不是词。
　_____ E. 简体字深受大家欢迎。
　_____ F. 英文字母跟笔画差别很大。
　_____ G. 简体字不利于提高人民的文化水平。
　_____ H. 汉字笔画的数量跟英文字母相近。

🏷 Tips

如何抓住事物的特点？ How to catch the characteristics of an object?

在听听力的时候，通常会对某一事物进行介绍或说明。有时候介绍的事物很复杂，如果没有掌握一些方法，很难听清楚到底在讲什么，从而错过答题时间，也影响心理情绪，最后导致后面的题目无法作答。

When it comes to listening, usually the recording will explain or introduce an object. Sometimes the object is complicated, and it is difficult to hear it clearly without specific methods. On top of that, you may miss the time, and it will affect you mentally, at last, you are unable to answer the following questions.

所以在听具体说明某个事物的片段时，要注意：听力中提到事物的哪些特点，用什么例子或者数据来说明。例如：在介绍汉字的造字方法时，听力段中提到了四种：象形、指事、会意、形声，并使用举例子的方式分别说明了这四种特点。一旦抓住这些特点后，5-8题就显得容易多了。

Therefore, whenever you listen to a specific description of an object, you should pay extra attention to the characteristics, and how the speaker explains them with examples or data. For instance, when the speaker is introducing manners of forming Chinese characters, there are four of them: pictograph (象形), ideogram (指事), compound ideograph (会意) and phono-semantic compound (形声), then the speaker might use examples to demonstrate the features of these four manners. Once you catch those, question 5-8 will be much easier to answer.

写作训练：文章 Writing Tasks: Article

热身

- 根据课文一，讨论介绍性文章的格式是什么。

  According to text 1, discuss the format of an introductory article.

Lesson 4 : The evolution of language 语言的演变

Tips

**文体：文章
（报纸、杂志）**
Text type: Article
(newspaper, magazine)

以书面的形式介绍某个事物、事件或现象。内容要简明扼要地概括主要信息。
Introduce an object, event or phenomenon in writing. The article needs to generalize the primary information as clearly as possible.

● 讨论一下作者是如何陈述自己的观点的，文章的结构是如何构成的。
Discuss how the author states his points of view, and how he constitutes the article.

格式 参考课文一

标题

作者姓名

□□开头：引入话题，介绍事件或看法

□□正文：有条理地介绍要点或表达观点
　　首先……
　　其次……
　　再次……
　　最后……

□□结尾：总结要点或观点
　　由此可见 / 综上所述……

练习一

很多学生认为中文很难学，也觉得学中文没有用。请写一篇文章说说你对这个现象的看法。以下是一些别人的观点，你可以参考，也可以提出自己的意见。但必须明确表示倾向。字数：250-300 个汉字。

> 通过学习中文，我们可以学到中国文化和中国人怎样待人处事。中文也是一种艺术，应该学。

> 中文比英文难学，英文看字母就可以拼读出来，中文不但字难写，读音还不一样，没必要浪费时间学习这么难的语言。

练习二

汉字，从点到线、从线到面，体现了线条的美感，书写笔画的力度则体现了汉字的精髓。汉字是中国文化的代表，表现出中国文化极高的美感。请写一篇介绍性文章，介绍中国的汉字之美。字数：300-480 个汉字。

Tips

片段式结构
Segmental Structure

片段式结构就是文章由看似独立的几个片段组成，但这几个片段都围绕同一个主题展开。这个主题是文章的中心，也是各个片段的共同点，在文章的最后，必须要有一个总结性的段落，把前面几个片段中的共同点直接用文字点明，只有这样，文章的结构才是完整的。

例如，课文一文章主要写"汉字的历史""汉字的书写方式""汉字分为繁体字和简体字""学中文的优点"四个片段，四个片段之间没有什么关联，但是它们都是在说明中国汉字的发展，然后在结尾集中表达不能放弃学中文的理由。

An article that is composed of several seemingly individual segments is called segmental structure. But these segments are actually all related to the same theme. The theme is the core of the article, as well as the common ground of each segment. At the end of the article, there must be a conclusion paragraph, which points out the common ground of the previous segments with words. Only in this way, the structure of the article is completed.

For example, in text 1, the segments are "the history of Chinese characters", "writing methods of Chinese characters", "there are two categories in Chinese characters: traditional and simplified", and "the merits of learning Chinese". There is no specific connection among these four segments, in fact, they all explain the developments of Chinese characters, then they are centralized to explain "the reasons why we can't give up on learning Chinese".

Lesson 5

Language and identity
语言与身份认同

导入 Introduction

语言是人类身份认同的一个重要方式。在多民族的国家，方言成为了一种身份的标签。随着经济的不断发展和文化的不断交流，一些方言正在逐渐消失。与此同时，得益于全球化的发展，说不同语言的人们聚集在一起，呈现出不同的母语文化。世界各国逐渐认识中国文化或到中国大陆开展贸易，使得学习中文成为一种热潮。母语除了帮助人们交流思想感情、掌握科学文化知识外，对学习中文也起到了很大的帮助作用。

Language is an essential foundation of human identity. In the multinational states, dialects are symbols of identity. However, some of them are endangered as a result of economic growth and cultural interaction. Meanwhile, people who speak different languages get together because of globalization, and the cultural variety of fist langueges has been introduced to the world. Then foreign countries gradually acknowledge Chinese culture or trade with China, which makes learning Chinese become a tendency. First languages not only are helpful to share thoughts and emotions, as well as learning knowledge of science and culture, they can also make great contributions to Chinese learning.

学习目标 Learning Targets

阅读 Reading

了解段落之间的并列结构。
Learn parallel structure between paragraphs.

口语 Speaking

听懂考官通过设问和反问提出的问题。
Understand the reflexive questions and rhetorical questions raised by the examiner.

听力 Listening

能根据熟语，听出作者的观点。
Recognize the perspective of the author through idioms.

写作 Writing

学习写好文章的开头。
Learn to start an article with a decent opening.

1 课文　中文真难学 🎧

寄件人：keren@gmail.com

收件人：xiaohong@gmail.com

日期：2021 年 3 月 18 日

主题：中文真难学

亲爱的小红：

你好！最近好吗？我到北京大学学习中文已经三年了，马上就要考 HSK 五级，我的压力很大，很担心考不过，我只想说中文绝对是世界上最难学的语言。

首先，中文的声调很难辨别。中国人讲话就像在唱歌。我学了三年，还是经常听不懂。而且，为什么同样是讲中文，我说的大家听不懂呢？原来，我用英文字母来注明声调，这是错误的方法。可见英文对我学习中文发音没有什么帮助。

其次，要学的词语实在太多，随便两个字放在一起，顺序不同，意思就不一样了，这增加了学习的难度。比如蜜蜂和蜂蜜。我用英文一个字一个字翻译，还是搞不懂这两个词有什么区别。

最气的是，中国大陆使用简体字，而香港和台湾仍保留着繁体字，我好不容易在中国大陆学了中文，到了台湾还是看不懂。为什么不统一使用简体字呢？不知道我们外国人学汉字多难吗？大陆学生说就是为了外国人着想，才减少笔画，降低难度。香港、台湾的学生说繁体字是传统文化，不可以简化，而且中文很多字是象形文字，只有繁体字才能根据字的

生词短语

shēng diào
声调 tone

cí yǔ
词语 word

shùn xù
顺序 order

zēng jiā
增加 increase

nán dù
难度 difficulty

mì fēng
蜜蜂 bee

fēng mì
蜂蜜 honey

zhuó xiǎng
着想 for the sake of

bǐ huà
笔画 strokes

xiàng xíng wén zì
象形文字 hieroglyph

zhǎng xiàng
长相 countenance

rè qíng
热情 enthusiastic

róng rù
融入 integrate into

Lesson 5：Language and identity　语言与身份认同　● 105

简体字		干	
繁体字	干	乾	幹

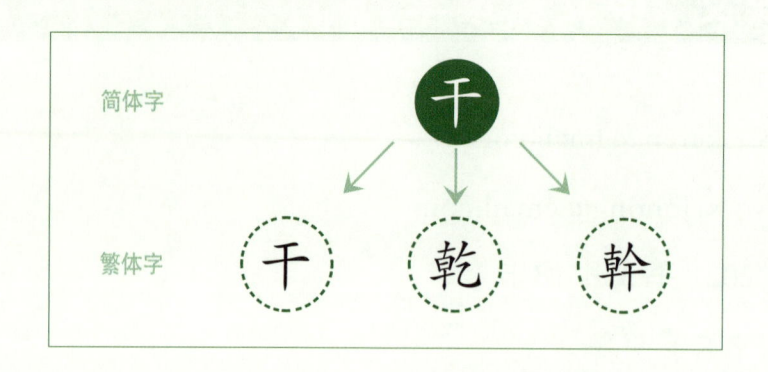

长相猜出它的意思。我只想说，不管长什么样，我还是什么也看不懂，要是能像我的母语英文一样简单就好了。你知道吗？一个小小的英文字母"I"，在中文里有很多种说法，什么"在下""不才""本人"……你说难不难？

最可恨的是学完汉字，还是听不懂中国人在讲什么。除了学习汉字，还要了解中国文化。刚到中国的时候，我的中国同学都很热情，每次下课都跟我说"有空来我家玩儿"。可是我等了三年，也没有一个人请我去他家。唉，我只能说中华文化上下五千年，这水不是一般的深呢！

好了，就跟你说到这里。虽然中文很难学，可是我还是得继续学习。学好中文可以帮助我融入中国人的生活。请代我向你的家人问好。

祝

学业进步！

可仁

🏷️ Culture Point

1. 汉语水平考试（简称 HSK）是为测试母语非汉语者的汉语水平而设立的一项国际汉语能力标准化考试。
   Hanyu Shuiping Kaoshi (HSK), known as the Chinese Proficiency Test, is a standardized test to measure the Chinese abilities of non-native speakers.

2. 中国人打招呼，有以下几种方式：
   There are several ways to greet in Chinese culture:

   ① 根据碰面的时间问候，比如：
   The greetings based on the meeting time:

   早餐时间看到别人可以问：吃早餐了吗？
   The greeting when you meet someone at breakfast time: Have you had breakfast yet?

   午餐时间问：吃午饭了吗？
   At lunch time: Have you had lunch yet?

   晚餐时间问：吃晚餐了吗？
   At dinner time: Have you had dinner yet?

   ② 看到别人在做什么就问什么。比如：
   When you see someone is doing something:

   看到老人拿着篮子就说：去买菜啊？
   When you see an old man with a basket, you can say: Go buy vegetables?

   看到老师／同学去上课就说：去上课啊？
   When you see a teacher / classmate go to a classroom, you can say: Go attend class?

   看到别人去上班就说：去上班呀？上班去吗？
   When you see someone go to work, you can ask: Go to work? Are you going to work?

   ③ 送客人或说再见的时候可以说：
   When you see a visitor out or farewell, you can say:

   再玩儿一会儿吧，着什么急？
   There is no rush, can you stay longer?

   吃了饭再走吧，饭都煮好了。
   Have something to eat before you leave, the meal is ready.

   有空来家里玩儿。
   Visit our home when you have time.

   注意，这些都只是客套话，是中国人好客文化的表现，并不是真的要邀请你到家里玩儿，或者真的让你留下来吃饭。了解中国的文化，有利于更好的交流。
   But be cautious, these sentences are for the needs to be hospitable, which are the expression of the Chinese tradition of hospitality. They aren't the real invitations to let you visit them or have dinner at their home. Recognizing these hidden Chinese cultures will benefit your communication skills.

语法重点 Key Points of Grammar

结构助词"的、地、得" Structural Particle "的、地、得"

助词	结构	例子
的	adj. / pron. / n. + 的 + n.	漂亮的书包、我的书包、商店里的书包
地	adj. + 地 + v.	慢慢地走
得	v. + 得 + adj.	听得清楚

口诀: "的"后面的是名词,"地"后面的是动词,"得"前面的是动词。
Formula: Use nouns behind " 的 ", Use verbs behind " 地 ", Use verbs before " 得 ".

课文理解 Reading Comprehensions

① 可仁到北京大学学习中文多久了?

② 中国人为什么听不懂可仁说的中文?

③ "蜜蜂"和"蜂蜜"分别是什么意思?你能再列举一些类似的词语吗?

④ 香港和台湾的学生如何看待繁体字?

⑤ 为什么可仁认为英文比中文简单?请举出课文中的例子。

概念与拓展理解 Concepts and Further Understanding

① 课文一的语气是严肃、认真的吗? Is the tone of text 1 serious?

② 课文一是什么文体？ What is the text type of text 1?

③ "中华文化上下五千年，这水不是一般的深呢！"这句话是什么意思？
What does the sentence "中华文化上下五千年，这水不是一般的深呢！" mean?

④ 知识是靠语言从一个人传给另一个人，代代相传下来的吗？
Is it true that knowledge is handed down by generations via languages?

⑤ 如果人们不再使用自己的母语，由它而来的知识会消失吗？
If people don't use their first languages any longer, will the knowledge which comes from them disappear?

语言练习 Language Exercises

在方块里填字，使内框与外框的字组成词语。
Fill in the outer boxes to make compound words with the inner box.

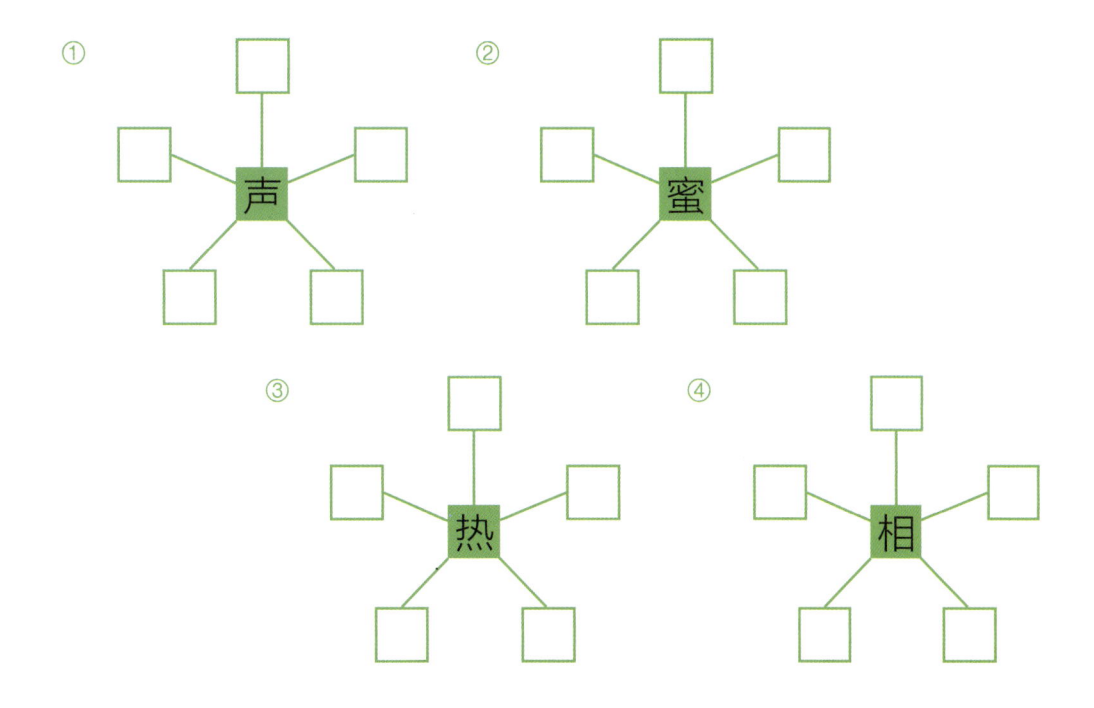

① 声

② 蜜

③ 热

④ 相

Lesson 5：Language and identity 语言与身份认同 ● 109

从所提供的选项中选出正确的答案。
Choose the correct answer from the following choices.

⑤ 普通话只有四个声_____，很容易掌握。
　　A. 周　　B. 碉　　C. 凋　　D. 调

⑥ 老师说我作文里有些_____语使用得不恰当。
　　A. 词　　B. 司　　C. 祠　　D. 伺

⑦ 描述一件事情，可以按时间顺_____进行。
　　A. 予　　B. 序　　C. 舒　　D. 抒

⑧ 为了减轻学生的负担，学校减少了课程，_____加了课外活动。
　　A. 曾　　B. 增　　C. 憎　　D. 赠

⑨ 这次中文考试的难_____实在太大，很多人都不及格。
　　A. 肚　　B. 镀　　C. 渡　　D. 度

⑩ _____蜂在花丛里飞来飞去。
　　A. 密　　B. 秘　　C. 蜜　　D. 宓

选出与下列划线词语意思相同的选项。
Choose the synonyms of the underlined words below.

⑪ 严老师是一个很会为学生考虑的好老师。　□
　　A. 热情　　B. 开心　　C. 着想　　D. 想象

⑫ 她的外貌不怎么样，唱的歌却很好听。　□
　　A. 音容　　B. 长相　　C. 口才　　D. 外人

选择正确的词语填空。 Fill in the blanks with the right words.

> 着想　笔画　象形文字　长相　热情　蜂蜜　难度　顺序　词语

⑬ 为了你的健康_____，还是不要抽烟好。

⑭ 艺术体操有很多_____很高的动作，很少人能做得到。

⑮ 奥运会运动员入场的先后_____是按各个国家开头的第一个字母决定的。

⑯ 小艳在作文中运用了很多优美的_____，受到了老师的好评。

⑰ _____是由图画演化而来的，是一种最古老的文字形式。

⑱ 有些字，如"己"和"已"，只在_____上有细微差别，要注意区分。

⑲ 由于 _____ 不好看，小松经常受到同学的捉弄。

⑳ 这件事真让人感动，心里像喝了 _____ 似的，甜甜的。

㉑ 我刚从国外回来，姑姑一家就 _____ 地邀请我去他们家做客。

在括号里正确地填写"的、地、得"。
Fill in the brackets with "的、地、得".

㉒ 星期日早晨，可爱（　　　）多多兴高采烈（　　　）来到碧山新建（　　　）体操馆。这是她第一次看到体操馆，她兴奋（　　　）东瞧瞧，西看看。一会儿轻轻（　　　）摸摸球，一会儿把脚抬（　　　）高高的，一会儿像小鹿一样在地毯上跳，最后还不由自主（　　　）跳起芭蕾舞。突然，她（　　　）手停在半空中，因为所有人都惊讶（　　　）看着她。原来，多多闯入了国家队体操训练馆。她羞（　　　）无地自容。

课堂活动 Class Activities

安全造句 Safe Zone Sentence-making

分小组进行造句比赛。同一个小组的同学把手放在书桌上，仔细听老师说的句子，如果句子里有课文中的生词，就要跑到事先划好的"安全区"，避免被老师抓到。如果老师说的句子没有课文中的生词，将手从书桌上移开的同学就要代替老师造句。反应最快，错误最少的小组获胜。

Conduct a sentence-making contest in groups. Every member needs to put their hands on the tables, and listen carefully to the sentences said by the teacher. If there is any vocabulary being said, the group members needs to run to the "safe zone" as fast as they can. If there is no vocabulary in the sentence, then the student who first leaves his hands on the table has to make a sentence for the teacher. The group with the least mistakes and the fastest reactions wins.

口语训练 Speaking Tasks

第一部分 根据主题"语言与身份"，做 2-3 分钟的口头表达。做口头表达之前，先根据提示写大纲。

Make a 2-3 minutes oral presentation on the theme "language and identity". Before you start, use the form below to make an outline.

大纲 Outline	内容 Content
观点 Perspectives	
事例 Examples	
名人名言 Famous quotes / 熟语 Idioms	
经历 Experiences	
总结 Summary	

第二部分 回答下面的问题。Answer the following questions.

① 你学习中文多久了？
② 中文真的很难学吗？恐怕每个人答案是不同的。你认为呢？
③ 学习中文有什么比较好的方法吗？
④ 你学习中文的时候，有没有碰到什么有趣的事？
⑤ 为什么学习中文的人越来越多？

🏷 Tips

如何听懂考官通过设问提出的问题？
How to understand the reflexive questions raised by the examiner?

考官有时候会通过设问的方式来提问。考生要懂得区分设问句，抓住考官想要表达的意思，才能答对题目。
Sometimes, the examiner will test the student through reflexive questions. If we are conscious of those questions and catch the meaning the examiner wants to express, there is a great chance that we can answer those questions properly.

设问就是自问自答，考官自己提出问题，说明观点。
A reflexive question is a question answered by the questioner himself. The purpose of asking such a question is to express the perspective of the examiner.

例如：问答题的第二个问题"中文真的很难学吗？恐怕每个人答案是不同的。"，老师在这个设问里隐含的观点是：中文并不一定难学，每个人看法是不同的。
For example: the second question in the previous session, "Is Chinese really difficult to learn? Everyone's answer might be different." The hidden point of view in this reflexive question is: learning Chinese isn't that hard, everyone can have their own perspectives.

Our world 我们的世界

2 课文 留住远去的方言

我是谁？我从哪里来？我要到哪里去？只有方言才能回答这些问题。方言是中华传统文化的一部分，体现了华人的民族与地方特点。说相同方言的人，感觉更加亲近，因为方言里有着普通话无法传递和表达的情感。为了留住远去的方言，我们决定收集各地方言，找到各地最会说方言的人，用纸笔和录像把方言记录下来，出一本方言书。如果你符合以下特点，请和我们联系。

- 吐字清晰：

年龄30岁左右，说话吐字清晰。

- 学历：

文化水平不限。

- 身份：

家里至少三代是土生土长的当地人，会说当地的生活语言。

- 其他要求：

不怕热，为了不影响录音效果，录音时不开电风扇和空调。

录像时需要坐直，保持形象。

录音时不能吞口水。

需要多次重复录音。

有时要唱唱歌、跳跳舞，展现传统文化。

一天工作八个小时，中间有一小时休息。

生词短语

fāng yán 方言	dialect
chuán tǒng 传统	tradition
mín zú 民族	nationality
qīn jìn 亲近	intimate
pǔ tōng huà 普通话	Putonghua
chuán dì 传递	transmit
shōu jí 收集	collect
lù xiàng 录像	video
fú hé 符合	conform
lián xì 联系	contact
qīng xī 清晰	clear
xué lì 学历	education background
shēn fèn 身份	identity
sān dài 三代	three generations
tǔ shēng tǔ zhǎng 土生土长	local
lù yīn 录音	record
xiào guǒ 效果	effect
xíng xiàng 形象	image

Lesson 5: Language and identity 语言与身份认同 • 113

生词短语

quán fāng wèi
全方位 all-round

zhǎn xiàn
展现 display

tè sè
特色 characteristic

zī yuán
资源 resource

bāo róng
包容 tolerance

jiǎn lì
简历 resume

miàn shì
面试 interview

chū bǎn shè
出版社 publisher

我们将在八十八个地方寻找会说方言的人，希望能全方位地展现方言的地方特色。方言是我们需要保护的语言资源。保护方言，就是保护中华文化的多样性和包容性。

符合以上要求的人，可以来试一试，请带上简历到以下地址面试：

联系地址：福建省厦门市太阳街55号方言出版社

联系人：李先生

联系电话：12534556641

2021年4月4日

改编自 https://baijiahao.baidu.com/s?id=1625498792949544357&wfr=spider&for=pc

语法重点 Key Points of Grammar

动词重叠 Repeated Verb

动词重叠的意义有以下几种：The following are the situations we should apply repeated verbs.

① 表示时间短。Indicate a short action.

> E.g. ● 听了妈妈的话，我点了点头。I nodded when I heard my mother's words.

② 表示缓和语气。Indicate a moderate tone.

> E.g. ● 你收拾收拾房间吧。（客气的语气）You should tidy up your room.（polite tone）
> ● 你收拾房间吧。（直接命令、不客气）Tidy up your room.（direct order, not moderate）

③ 表示尝试。Indicate an attempt.

> E.g. ● 你试一试这件衣服，很好看。You should try this dress, it suits you well.

④ 表示列举，带有轻松的语气。List something in a relax tone.

> E.g. ● 流感季节来临，我们应该多打打球，跑跑步，活动活动，对身体才好。
> If the flu season comes, we should play basketball, go running,
> and have some activities. They are good for our bodies.

动词重叠的形式有以下几种：
There are several types of repeated verbs:

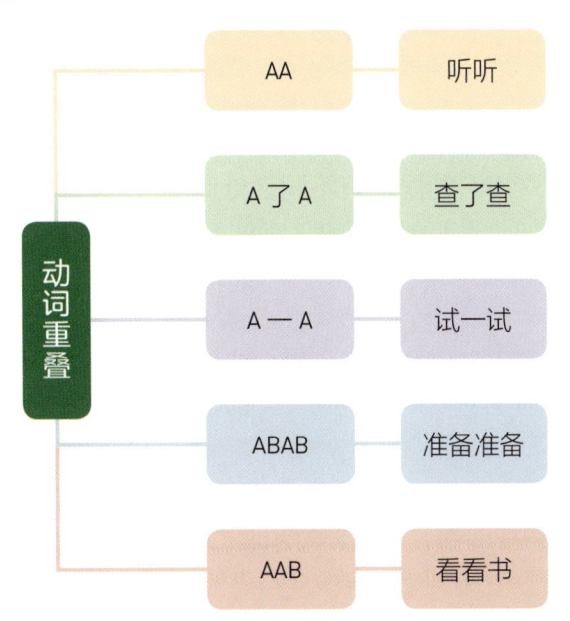

动词重叠	
AA	听听
A 了 A	查了查
A 一 A	试一试
ABAB	准备准备
AAB	看看书

Lesson 5：Language and identity 语言与身份认同 ● 115

课文理解 Reading Comprehensions

① 方言体现了哪些特点？

② 方言和普通话的差别是什么？

③ 为什么要出方言书？

④ 他们对说方言的人有没有学历要求？

⑤ 为什么要保护方言？

概念与拓展理解 Concepts and Further Understanding

① 课文二的写作目的是什么？ What is the writing purpose of text 2?

② 汉语在新加坡也叫"普通话"吗？ Is Chinese language in Singapore also called "Putonghua"?

③ 不同的语言对知识的呈现有不同之处吗？
Is there any difference among different languages in presenting knowledge?

④ 来自不同语言或文化背景的人是否生活在不同的世界中？
Do you agree that people from different languages or cultural backgrounds live in a different world?

⑤ 如果你会说多种语言，那么你所知道的东西在每种语言中是否有不同的含义？
If you can speak multiple languages, is there any different meaning in an object of different languages?

语言练习 Language Exercises

把下面的词语组成正确的词组。Connect the corresponding words below to form a correct phrase.

① 符合　　信息　　② 收集　　明显
　 传统　　文化　　　 效果　　资源
　 传递　　要求　　　 回收　　样本

从生词表里找出下列词语的同义词。
Find the synonyms of the following words in the vocabulary list.

③ 视频_____　④ 相关_____　⑤ 清楚_____

从生词表里找出下列词语的反义词。
Find the antonyms of the following words in the vocabulary list.

⑥ 生疏_____　⑦ 四海为家_____　⑧ 计较_____

选择正确的词语填空。Fill in the blanks with the right words.

> 普通话　方言　学历　身份　三代　形象　录音
> 全方位　展现　简历　面试　出版社　特色

⑨ 由于普通话的推广，即使各地区的人使用_____，也能互相沟通。
⑩ 这家茶馆虽然不大，但是布置得很有_____。
⑪ 很多_____都想出版倪老师写的书。
⑫ 他虽然是广东人，_____却说得很流利。
⑬ _____时，他表现得很自信，主考官十分满意，当场决定录用他。
⑭ 只要能干活就行，我不在乎_____，对我来说工人和博士没什么区别。
⑮ 今年经济不好，工作难找，他在网上投了很多份_____，都没有得到回应。
⑯ 请以家长的_____给校长写一封感谢信。
⑰ 翻过这座山，_____在我们眼前的是看不到边的大海。
⑱ 一家_____人团聚在一起，欢欢喜喜过春节。
⑲ 流感季节来了，我们要进行_____的清洁和消毒。
⑳ 小说中的英雄_____感动了很多读者。

㉑ 听说 IB 口试的时候，老师会进行＿＿＿＿＿＿，这让我很紧张。

用动词的重叠形式改写句子。 Transfer sentences with repeated verbs.

㉒ 你买了新电脑？给我看一下。＿＿＿＿＿＿
㉓ 周末我一般会上网、逛街、看电视。＿＿＿＿＿＿
㉔ 路过教室，老师对我点头。＿＿＿＿＿＿
㉕ 妈妈做的菜很好吃，你尝一下。＿＿＿＿＿＿
㉖ 读书读累了，就休息一会儿。＿＿＿＿＿＿

课堂活动 Class Activities

方言调查 Dialect Investigation

分小组设计一个方言调查报告，根据调查结果得出一个结论，并给出建议。
Design a dialect investigation in groups, then conclude and give advice based on what you found.

调查目的	调查方言在家庭中的使用情况
调查方法	通过＿＿＿＿＿＿进行调查
调查结果	＿＿＿＿＿＿在家里使用方言
调查分析	影响方言在家里使用的主要原因是＿＿＿＿＿＿
建议	＿＿＿＿＿＿

口语训练 Speaking Tasks

第一部分 根据图片，做 3-4 分钟的口头表达。做口头表达之前，先根据提示写大纲。

Make a 3-4 minutes oral presentation based on the picture. Before you start, use the form below to make an outline.

奶奶请说普通话

大纲 Outline	内容 Content
图片内容 Information of the picture	
图片主题 Theme of the picture	
提出观点 Make your points	
延伸个人经历 Relate to personal experiences	
名人名言 Famous quotes / 熟语 Idioms	
总结 Summary	

第二部分 回答下面的问题。Answer the following questions.

① 有人认为，随着英文的普及，母语的存在哪里还有意义呢？你认同这样的观点吗？
② 我们是否应该禁止学校统一使用英文进行教学？
③ 如果在学校说母语会被同学看不起，你会坚持说母语吗？
④ 如果你的长辈只会说母语，不会说英文，你会试着学母语和他们沟通吗？
⑤ 你认为应该如何保护母语？

Tips

如何听懂考官通过反问提出的问题？
How to understand the rhetorical questions raised by the examiner?

考官有时候会通过反问的方式来提问。考生要懂得抓住考官想要表达的意思，才能答对题目。

Sometimes, the examiner will ask rhetorical questions. To answer them correctly, students need to understand what the examiner means.

反问是只问不答，考官的观点隐含在问句中。

One of the features of rhetorical questions is that they are questions which don't need answers. The perspective of the examiner is implied in the question.

例如：问答题的第一个问题"随着英文的普及，母语的存在哪里还有意义呢？"，老师在这个反问里隐含的意思是：母语没有存在的意义。

For example: the first question in the previous session "Along with the universalization of English, is there any meaning of the first languages to exist? The implied meaning in this rhetorical question is: there is no meaning of the first languages to exist.

技能训练 Skill Tasks

阅读训练 Reading Tasks

文章 1 | 全球汉语热

仔细阅读下面的短文，然后回答问题。
Read the passage carefully and answer the following questions.

据了解，除了中国之外，全世界学习、使用汉语的外国人已超过一亿。全球有六十多个国家将汉语教学加入了国民教育体系，一百七十多个国家开设了汉语课程或汉语专业。

A. 新加坡

华语是新加坡的四种官方语言之一。新加坡教育推行双语政策，虽然年轻人在双语教育制度中成长，但华语水平并没有真正达到母语水平。为此，新加坡还开展了"讲华语运动"，希望年轻人能认识到学习华语不但能够帮助他们更好地了解自己的根和文化，还能帮助大家和博大精深的中华文化建立起一种深层次的情感联系。

B. 日本

如今，学习汉语不再仅仅是日本人的兴趣爱好，还关系到他们的个人前途。越来越多的日本大学开设了中文课程，民间中文教学也越来越活跃。汉语可以说是日本人必须掌握的语言。随着中国国家经济的快速发展，日本国内的汉语学习成为一种热潮，汉语的受欢迎程度甚至超过了传统的英语，成为最受欢迎的外语。

C. 韩国

在韩国，汉语被纳入"大学修业能力考试"中，类似中国的高考。

汉语也是韩国中学生必修的语言学科，每学期设置汉字考试作为学习成果的考核。汉字学习的阶段也从中学提前到小学。很多家长专门送小朋友到中文学校学习，就是希望他们可以达到HSK四级以上的汉语水平，以便更好地申请到中国留学。

D. 美国

2003年，美国大学理事会将汉语列为AP（Advanced Placement Program）课程之一，标志着汉语走入美国的主流课堂，一些公立学校还将中文列为必修课。甚至还有人专门建立学校，上午半天全中文授课，下午半天全英文教学，课程涵盖数学、科学等小学的常规课程。美国的家长们更不惜花上重金让自己的孩子学习汉语。他们认为，自己的孩子学习汉语是件很酷的事情，学习汉语也将给孩子的未来带来更多、更好的机会。

根据以上短文，选择正确的段落，在方格里打勾（✓）。
According to the short passage above, tick (✓) in the correct boxes.

① 哪个国家将汉语列入大学入学考试？
　A. ☐　　B. ☐　　C. ☐　　D. ☐

② 哪个国家的学校使用中文教数学？
　A. ☐　　B. ☐　　C. ☐　　D. ☐

③ 哪个国家学习华语是为了了解自己的文化？
　A. ☐　　B. ☐　　C. ☐　　D. ☐

Tips

了解段落之间的并列结构
The parallel structure between paragraphs

段落也叫自然段，是构成篇章最小的单位。

A paragraph, also known as a natural paragraph, is the smallest unit to constitute a passage.

段落和段落之间有不同的结构形式，并列结构是其中的一种。在并列结构中，每个段落的地位是一样平等重要的，没有主次之分。即使我们调整段落的先后顺序，也不会影响读者对文章的理解。在文章中使用并列结构，可以使说明的事物更加清楚，更有条理性。

There are different types of structures between paragraphs, and the parallel structure is one of them. In this type of structure, every paragraph is as important as the rest, which means there is no priority among them. Even though we change the order of paragraphs, the comprehension remains the same. Using the parallel structure in the passage can produce a more clear and rational explanation.

例如，《全球汉语热》A、B、C、D四个段落就是并列结构。

for example: the four paragraphs A, B, C and D in the passage《全球汉语热》(*The Chinese Fever*) is in parallel structure.

Lesson 5: Language and identity　语言与身份认同

④ 哪个国家的大学开设中文课程？

　　A. ☐　　　B. ☐　　　C. ☐　　　D. ☐

⑤ 哪个国家的家长希望孩子到中国留学？

　　A. ☐　　　B. ☐　　　C. ☐　　　D. ☐

⑥ 哪个国家的家长认为孩子学习汉语是很值得骄傲的一件事？

　　A. ☐　　　B. ☐　　　C. ☐　　　D. ☐

⑦ 哪个国家将汉语作为官方语言之一？

　　A. ☐　　　B. ☐　　　C. ☐　　　D. ☐

⑧ 哪个国家是因为中国经济好才学汉语？

　　A. ☐　　　B. ☐　　　C. ☐　　　D. ☐

⑨ 哪个国家的人认为汉语是最受欢迎的外语？

　　A. ☐　　　B. ☐　　　C. ☐　　　D. ☐

⑩ 哪个国家将汉语作为母语进行学习？

　　A. ☐　　　B. ☐　　　C. ☐　　　D. ☐

文章 2　世界母语日嘉年华

❶　2月21日是"世界母语日"，香港教育局在当天将举办"世界母语日嘉年华"。这次活动由香港教育局、香港教育大学和香港中文大学合办，希望通过丰富的活动，帮助大家了解香港的母语文化，承认和尊重语言与文化的多样性，为加强香港社会的团结和凝聚出一份力。

❷　活动宗旨：

● 了解香港母语文化的现状。

● 鼓励香港市民多说母语。

● 强调语言的多样性。

● 推动建设和平、包容的社会。

❸ 活动详情： ❹ 活动内容：
- 时间：上午8点半至 ・工作坊：介绍母语日的由来和世界母语的发展状况。
  下午3点半 ・歌唱比赛：用不同语言演唱同一首歌。
- 费用：免费 ・节目表演：制作不同民族的服装。
- 地点：香港沙田广场 ・游戏活动：通过活动体验不同国家的风土人情。

❺ 如果需要报名，香港市民可通过教育局网站 https://www.edb.gov.hk 报名或致电母语日热线 8226 7067 登记。

根据 ❶，回答下面的问题。 According to ❶, answer the following questions.

① "世界母语日嘉年华"在哪一天举行？

_____

② "世界母语日嘉年华"由香港教育局和哪两所大学共同举办？

a. _____

b. _____

根据 ❷，找出最接近下面解释的词语。

According to ❷, write down the most relevant synonyms of the following words.

例：目的： 宗旨

③ 当前局面：_____

④ 激发：_____

⑤ 大度：_____

根据 ❸-❺，选出最适合左边句子的结尾。把答案写在横线上。

According to ❸-❺, choose the suitable endings of the sentence on the left side.

⑥ 这次嘉年华…… _____ A. 需要付钱。

⑦ 工作坊…… _____ B. 从下午开始。

⑧ 游戏活动…… _____   C. 可以体验不同国家的语言文化。
⑨ 香港市民…… _____   D. 年轻人不喜欢纸媒。
　　　　　　　　　　　E. 上午八点三十分开始。
　　　　　　　　　　　F. 可通过两种方法报名。
　　　　　　　　　　　G. 包括介绍母语日的来历和发展。
　　　　　　　　　　　H. 只可在网上报名。

选出正确的答案。 Choose the correct answer.

⑩ 文章的大意是_____。
　A. 说明世界母语日的来源
　B. 介绍"世界母语日嘉年华"受欢迎的原因
　C. 介绍"世界母语日嘉年华"的活动详情
　D. 介绍"世界母语日嘉年华"的主题

⑪ 这是_____。
　A. 一篇日记　　B. 一张宣传单　　C. 一封书信　　D. 一篇访谈稿

听力训练 Listening Tasks

一、《语言与歧视》

你将听到关于《语言与歧视》的文章。你将听到两遍，请听录音，然后回答问题。
You will hear a recording *Language and Discrimination*. The clip will be played twice. Please listen and answer the questions.

请先阅读一下问题。Please read the questions.

① 和讲同一种语言的人在一起，你会觉得很有_____。
② 外国人讲中文的话会赢得中国人的_____。
③ 华人不想好好学英文主要是因为他们觉得没有必要_____新文化。
④ 如果你和本地人发生_____，讲英文会对你有很大的帮助。
⑤ 我们常常抱怨，却不反思自己是否能够在_____间熟练地表达自己。
⑥ 俗话说"_____"。既然来到了异国，就应该努力融入异国的语言文化。
⑦ 都是中国人，大家长相虽然差不多，但一开口，_____就出卖了你。
⑧ 如何克服和减少歧视，除了抱怨，更需要积极主动的_____。

> **Tips**

根据熟语听出作者的观点 Recognize the perspective of the author through idioms

有时候作者会引用一些熟语，如成语、歇后语等，让自己的观点能更加清楚地表达出来。了解这些熟语的含义，有助于我们听出作者的观点和想法。

On some occasions, the author will use idioms like four-word expressions and similes to express opinions more clearly. Learning these idioms can be beneficial for our listening.

例如：听力片段一中，"入乡随俗"就是对后面句子"既然选择离开自己的祖国，来到了异国……这对提升自身的生活质量是有益的。"的一种解释。作者在这里的用意是鼓励新移民应该学习英文，融入当地社会。

For example: In the listening of recording 1, the idiom "入乡随俗"(when in Rome, do as the Romans do) is one of the explanations of "if you choose to leave your motherland to a foreign country, ... is helpful to increase the quality of life." The author wants to encourage new immigrants to learn English well and to incorporate into society.

二、《如何在中国学标准的普通话》

你即将听到第二个听力片段，在听力片段二播放之前，你将有四分钟的时间先阅读题目。听力片段将播放两次，听力片段结束后，你将有两分钟的时间来检查你的答案。请用中文回答问题。

You will hear the second audio clip. You have 4 minutes to read the questions before it starts. The clip will be played twice, after it ends, 2 minutes will be given to check the answers. Please answer the questions in Chinese.

根据第二个听力片段的内容，回答问题 ①-⑥ 。

Answer questions ①-⑥ according to the second audio clip.

根据第二个听力片段的内容，从 A, B, C 中，选出一个正确的答案，把答案写在横线上。
According to the second clip, choose the right answer from A,B,C and write it on the line.

① 学汉语的外国学生感到奇怪，因为_____。

　　A. 中文老师教的普通话不标准

　　B. 中文老师教的普通话在中国不能用

　　C. 中文老师教的普通话在中国各地并不通用

② 中国有些地方的人很难讲标准的普通话是因为_____。

　　A. 当地方言的流行　　　B. 当地口音的流行　　　C. 以上都是

③ 在北京和上海的人会讲标准的普通话是因为_____。
　A. 北京和上海的外地人多　　B. 北京和上海是大城市
　C. 那里的老师教的普通话标准

选出五个正确的叙述。 Choose five correct descriptions.

④ _____　A. 到中国的大学学习普通话是因为那里学校环境优美。
　_____　B. 在中国的大学学习完短期课程，回国后还可以继续和同学在网上聊天。
　_____　C. 热门景点为游客练习听懂不同口音提供了好机会。
　_____　D. 听懂不同口音的普通话很重要。
　_____　E. 中国内地和台湾使用的书面文字不一样。
　　　　　F. 中国的一些方言和普通话非常不同。
　　　　　G. 讲流利的普通话有助于学习广东话。

回答下面的问题。 Answering the following questions.

⑤ 文中提到的热门景点有哪些？至少举一个。

⑥ 文中提到的中国方言，除了广东话外，还有哪两个？

写作训练：电子邮件 Writing Tasks: Email

热身

● 根据课文一，讨论电子邮件的格式是什么。According to text 1, discuss the format of an email.

- 比较电子邮件和书信有什么不同点和相同点。

  Compare the similarities and differences between an email and a letter.

	电子邮件	书信
相同点		
不同点		

> **Tips**
>
> 文体：电子邮件
> Text type: Email
>
> 通过互联网接收的信件。
> Letter you received through the Internet.

格式 参考课文一

寄件人：XX@email.com
收件人：XX@email.com
日期：X 年 X 月 X 日
主题：XXXXXX

亲爱的 / 尊敬的 XX

开头：问候语 + 电子邮件的目的

正文：电子邮件的主要内容

结尾：结束语 + 期待回复

祝福语

XX

练习一

你的学校要求每位同学在考剑桥第二语言中文（IGCSE 0523）之前，必须先通过 HSK 四级考试。请给你的老师写一封电子邮件，向他 / 她说明你对这个规定的看法。

以下是一些人的观点，你可以参考，也可以提出自己的意见。但必须明确表示倾向。字数：250-300 个汉字。

> 中文已经很难学，没有必要再浪费时间考 HSK，而且你也没有打算去中国留学。

> 应该考 HSK，这样才能促进自己汉语学习的动力，也能多了解中国的文化，还能用 HSK 申请中国的大学留学，一举两得。

练习二

你在英国的朋友给你写信，信中提到中文非常难学，也感觉没有什么用，打算放弃，改学其他语言。请给你的朋友写一封电子邮件，说说学习中文的重要性，并鼓励他 / 她不要放弃。字数：300-480 个汉字。

🏷 Tips

如何写好电子邮件的开头？ How to write a good opening of email?

方法 1: 开门见山 Method 1: Talk Turkey

第一句话就说明写电子邮件的目的。Point out the theme of your email in the first sentence.

例：Example:

亲爱的小华：
你好！今天我给你写邮件，主要是想告诉你我回香港上大学了。
Dear Xiao Hua,
Greetings! I am writing this email to tell you that I went back to Hong Kong to go to university.

方法 2: 设置问题 Method2: Set a question

开头就提出问题，或引起对方注意，或造成悬念引人思考，这样的开头显得新颖。
Ask a question at the beginning, or something that draws attention, or something that causes suspension. This kind of opening can create novelty.

例：Example:

亲爱的小华：
你好！你知道新加坡政府要求公务员都要考汉语 HSK 4 级吗？
Dear Xiao Hua,
Hello! Do you know that in Singapore, if you want to be a civil servant, you need to pass the HSK level 4 test?

Lesson 6

Communication and media
交 流 与 媒 体

导入 Introduction

宣传是媒体信息时代一个重要的现象，在现代社会中扮演着越来越重要的角色。人们通常通过语言、姿势、表情等面对面进行宣传；或者通过大众传播媒介，如报纸、杂志、书籍等传统媒体和广播、电视、微信、微博等新媒体进行教育、劝说、诱导、批判等，目的在于让观众接受宣传者的想法。青少年应该学会辨别宣传的真假，不乱传播信息，以免引起社会恐慌。

Propaganda is one of the most significant features of the Information Age, it plays a role in our society nowadays. People do propaganda face to face through languages, gestures, and facial expressions. For remote communication, people use public media, including traditional media like newspapers, magazines, books, and new media such as radio, television, Wechat and Weibo to have education, persuasion, inducement, and criticism on others. The target is to make the audience accept their thoughts. Teenagers should learn to distinguish whether these propagandas are credible or not, and don't become the propagators of fake news that trigger social panic.

学习目标 Learning Targets

阅读 Reading

学会区分广告中的"事实信息"和"宣传用语"。
Know the differences between "authentic information" and "propaganda language".

口语 Speaking

针对事件发表自己的看法。
Share your opinion in connection with the incident.

根据图片有条理地发表看法。
Share your opinion logically in connection with the picture.

听力 Listening

掌握如何听新闻。
Learn how to listen to news.

写作 Writing

学会如何写好论文。
Learn to write a good essay.

生词短语

电子烟 diàn zǐ yān electronic cigarette
惊讶 jīng yà surprise
形状 xíng zhuàng shape
酷 kù cool
宣传 xuān chuán propaganda
播放 bō fàng play
吸引 xī yǐn attract
虚假 xū jiǎ false
购买 gòu mǎi buy
判断 pàn duàn estimate
公益广告 gōng yì guǎng gào public service announcement
讲述 jiǎng shù tell
尝试 cháng shì try
分享 fēn xiǎng share
恐吓 kǒng hè intimidate
危害 wēi hài harm
总而言之 zǒng ér yán zhī all in all / in a word
各种各样 gè zhǒng gè yàng a variety of
判断力 pàn duàn lì judgment
有害物质 yǒu hài wù zhì toxicant

1 课文　广告宣传的作用 🎧21

陶小乐

前不久看到一篇报道，很多年轻人在广告宣传的影响下都玩起了电子烟。这让我很惊讶！报道说年轻人觉得吸电子烟让他们看起来很帅，因为通过电子烟吐出来的烟，不但可以越变越大，还能形成不同的形状，也能让他们在朋友圈"酷"一把。可见，广告宣传无所不在，也影响着年轻人的生活。

- 使用电子烟，戒烟不再困难。
- 款式时尚，口味五花八门。
- 适合各类烟民，无有害物质，蒸汽烟无危害
- 不会产生明火、避免因为乱扔烟头引起森林火灾的问题。

一方面，电子烟广告通过播放各种各样的"烟圈"视频吸引年轻人，还宣传吸电子烟是每个年轻人必须拥有的"现代生活方式"，是一种"酷文化"。对于这样的宣传，我觉得很痛心，因为这样的虚假广告的目的是鼓励十三至十八岁的年轻人购买电子烟。俗话说，"凡事不能只看表面"。年轻人应该学会判断真假。这些虚假广告不但不酷，还会危害身体健康。

另一方面，网上也有一些公益广告宣传吸电子烟的危害。比如美国的公益广告《负重鬼》，讲述了一只鬼一直叫年轻人不断尝试、吸食、分享电子烟，还让年轻人去做危险的事情。这种看完后令人害怕的广告，是以一种恐吓的方式来告诉年轻人吸电子烟的危害的。

在我看来，广告是宣传的一种方式，目的是劝说人们消费。我们应该理性地分辨广告中提到的种种"好处"，不要受虚假广告的影响而上当。当然，有的广告也有宣传教育的作用，比如公益广告。

总而言之，不管广告如何宣传，作为年轻人，我们应该冷静地看待各种各样的广告，要有自己的判断力。电子烟，毕竟有个"烟"字，虽说有各种水果口味，但那些都是有害物质。所以，我还是希望不抽烟的年轻人不要受广告宣传的影响去玩电子烟，这真不是一件很酷的事。

语法重点 Key Points of Grammar

数量词 Quantifier

在现代汉语里，数词一般不能直接修饰名词，中间必须加上特定的量词。

In modern Chinese, numerals are generally not used to modify nouns directly. One needs to put a specific measure word between them.

① 表示小而圆的东西，通常用：粒、颗，如：一粒大米、一颗葡萄、一颗珍珠
   For something small and rounded: 粒、颗 e.g.: a grain of rice, a grape, a pearl

② 表示又长又硬的东西，通常用：根、支，如：一根香烟、一根棍子
   For something long and hard: 根、支 e.g.: a cigarette, a stick

③ 表示又长又软的东西，通常用：条，如：一条领带、一条裤子
   For something long and soft: 条 e.g.: a tie, a pair of trousers

④ 表示人，通常用：个、位，如：一个老师、一位画家
   For a person: 个、位 e.g.: a teacher, a painter

⑤ 表示动物，通常用：只、匹、头、条，如：一只狗、一匹马、一头牛、一条蛇
   For animal: 只、匹、头、条 e.g.: a dog, a horse, an ox, a snake

⑥ 表示穿戴用品，1. 衣物，通常用：件，如：一件衣服；2. 饰品，通常用：枚、顶，如：一枚戒指、一顶帽子
For clothing, especially accessories and head covering: 件、枚、顶 e.g.: a cloth, a ring, a hat

⑦ 表示建筑物，通常用：座、栋、堵，如：一座桥、一栋房子、一堵墙
For building: 座、栋、堵 e.g.: a bridge, a house, a wall

⑧ 表示交通工具，通常用：辆，架，艘，列，如：一辆车、一架飞机、一艘船、一列火车
For transportation: 辆、架、艘、列 e.g.: a car, a plane, a ship, a train

⑨ 表示作品，通常用：幅、则、篇、首、封、支、张，如：一幅画、一则日记、一篇文章、一首诗歌、一封信、一支曲子、一张照片
For artwork: 幅、则、篇、首、封、支、张 e.g.: a painting, a diary, a composition, a poem, a letter, a song, a photo

课文理解 Reading Comprehensions

① 年轻人为什么开始吸电子烟？

② 电子烟广告是如何宣传吸电子烟的好处的？

③ 公益广告是如何宣传吸电子烟的坏处的？

④ 在作者看来，广告的目的是什么？

⑤ 年轻人应该如何看待广告宣传？

概念与拓展理解 Concepts and Further Understanding

① 图片和语言在广告宣传中起到什么作用？
What roles do pictures and languages play in advertisements?

② 广告宣传是如何利用语言影响人们的选择的？
How does advertising make effects on people's choice by language?

③ 不同形式的广告宣传针对的观众一样吗？
Do different types of advertisements target the same group of audience?

④ 如何判断广告的真假？
How to tell whether an advertisement is true or false?

⑤ 怎么才能知道语言是不是有意在欺骗或操纵我们？
How do we know if we have been deceived or manipulated by language?

语言练习 Language Exercises

根据解释，找出正确的词语，并填写在横线上。
According to the definitions below, match the correct words and write them on the lines.

各	种	各	样	言	语
播	放	书	判	断	告
有	害	物	质	广	力
烟	子	电	益	鬼	讶
孩	载	公	喜	惊	果
总	而	言	之	小	偷

① 综上所述：_____
② 分析、决断：_____
③ 很多种类：_____
④ 诧异：_____
⑤ 通过电视放映画面：_____

Lesson 6：Communication and media　交流与媒体　133

⑥ 一种模仿卷烟的电子产品：＿＿＿＿＿＿
⑦ 不以赚钱为目的而为社会提供免费服务的广告活动：＿＿＿＿＿＿
⑧ 不利于身体健康的东西：＿＿＿＿＿＿

圈出句子中的错别字，把正确的字写在括号里。
Circle the wrongly written characters and write the correct words in the brackets.

⑨ 他今天穿牛仔裤，显得很诰的样子。（　　　）
⑩ 新闻报道必须真实，不许有半点墟假。（　　　）
⑪ 妈妈每周都到超市去构买日常生活用品。（　　　）
⑫ 小明的爸爸口口声声说要戎烟，但却始终没做到。（　　　）
⑬ 他常用恐虾的手段欺负同学。（　　　）
⑭ 小松沾染上了圾烟的坏习惯。（　　　）
⑮ 小宗很久没来上学了，老师很惊伢他今天竟然会来学校。（　　　）

选择正确的词语填空。 Fill in the blanks with the right words.

分享　　形状　　宣传　　播放　　吸引　　判断

⑯ 今天大家聚在这里，一起＿＿＿＿＿＿出国留学的感受。
⑰ 有些广告信息的真假很难＿＿＿＿＿＿。
⑱ 电视正在＿＿＿＿＿＿飞机出事时的画面。
⑲ 广播、电视、报纸都在积极＿＿＿＿＿＿环境保护的重要性。
⑳ 老师讲得很好，很＿＿＿＿＿＿人，不知不觉一堂课就过去了。
㉑ 在一千枚鸡蛋中，没有两枚＿＿＿＿＿＿是完全相同的。

在括号里正确地填写量词。
Fill in the blanks with the correct quantifiers.

㉒ 一（　　）朋友、同学、女孩、工人
㉓ 一（　　）鱼、虫、蛇、腿、尾巴
㉔ 一（　　）蜡烛、笔、香蕉、头发、油条
㉕ 一（　　）山、桥、庙、别墅
㉖ 一（　　）上衣、T恤

课堂活动 Class Activities

广告大师 Master of Advertising

选择恰当的广告语填入下列表格中。Choose the appropriate slogans and fill in the table below.

A. 无所不包！　　B. 一毛不拔！　　C. 一呼百应！　　D. 以帽取人！
E. 除钞票外，承印一切！　　F. 趁早下"斑"，请勿"痘"留！

	公司	广告语
1	饺子铺	
2	帽子公司	
3	理发店	
4	化妆品公司	
5	中国电信公司	
6	印刷公司	

口语训练 Speaking Tasks

第一部分　根据主题"宣传"，做 2-3 分钟的口头表达。做口头表达之前，先根据提示写大纲。

Make a 2-3 minutes oral presentation on the theme "propaganda". Before you start, use the form below to make an outline.

大纲 Outline	内容 Content
观点 Perspectives	
事例 Examples	
名人名言 Famous quotes / 熟语 Idioms	
经历 Experiences	
总结 Summary	

第二部分 回答下面的问题。Answer the following questions.

① 有人为了便宜，相信广告宣传，上网买了很多假包。对这件事你怎么看？
② 广告不一定都是不好的。你同意这个观点吗？
③ 在生活中，你或者你的家人有因为广告受骗的经历吗？
④ 你觉得作为中学生应该如何防止被广告宣传欺骗？
⑤ 你觉得我们应该如何帮助老年人，防止他们被广告欺骗？

Tips

如何针对事件发表自己的看法？ Share your opinion of a incident

针对事件发表看法时，可以按照以下三个步骤：
There are three steps you can refer with when you remark on a topic:

第一步：说明看法，表明自己赞同或反对事件中的做法。
Step 1: Share your opinion: Agree or disagree with the issue.

第二步：解释说明，解释自己为什么反对或者赞同。
Step 2: Exposition: Explain why you agree or disagree.

第三步：总结，再次强调自己的看法。
Step3: Summary: Emphasize your opinion again.

例如：第一题：有人为了便宜，相信广告宣传，上网买了很多假包。对这件事你怎么看？
Example: Question 1: What do you think of people buying fake handbags because the propaganda disseminates they are cheaper?

第一步：说明看法。"我不赞同有人为了买便宜的东西而相信广告，上网买假货的做法。"
Step1 : Share your opinion. "I disagree with the people trusting such advertisements and buying fake products for cheaper prices."

第二步：解释说明。"很多广告就是抓住人们喜欢贪小便宜的心理，制作虚假广告卖假货。我们应该学会判断广告的真假。比如，可以看看网站是否是真实的，买家的评论怎么样，以及为什么会卖得便宜等等。"
Step2: Exposition. "There are lots of fake advertisements which make use of some greedy people who like cheaper goods. It is necessary to judge the authenticity. For example, before we buy, we can look them up on the Internet, such as the authenticity of their website, the critics of the buyers, and the reasons why they are cheaper."

第三步：总结。"总之，我们不能完全相信广告，买之前要先判断广告的真假，自己才不会上当受骗。"
Step3: Summary. "To sum up, there is no advertisement that we can completely trust. We have to confirm the authenticity in case we fall in traps."

2 课文　如何让广告更有吸引力

无论在外面散步还是在家里看电视，无论是在看报纸还是在上网，你会发现广告无处不在。面对各式各样的广告，你是否留意过它们的语言美呢？

广告语言是广告宣传中使用的沟通工具，它通过丰富多彩的词语进行宣传，吸引人们的注意，从而达到劝说人们购买的目的。如何让你的广告变得更有吸引力呢？以下方法也许对你有所帮助。

一、数字的使用

数字的使用可以让广告更加真实可信，因为数字给人科学、准确的印象。比如，"经过27层净化"的纯净水，运用"27层"充分地说明了水的纯净程度。其实每一种纯净水都会经过多层的净化，但很多人并不了解，而这个纯净水广告巧妙地抓住了这一点，用数字向人们说明纯净水的质量，从而得到认可。

二、比喻的手法

在广告中使用比喻，可以在短时间内给人留下深刻的印象。如"护肤品，像妈妈的手，温柔依旧"，用妈妈的手来比喻护肤品，让人感到亲切、温暖。

三、夸张的手法

为了引起人们丰富的想象而故意夸大产品的特点，冲击人们的大脑认知，从而给人留下深刻的印象，这就是夸张手法的

生词短语

sàn bù 散步	take a walk
bào zhǐ 报纸	newspaper
wú chù bù zài 无处不在	everywhere
xī yǐn 吸引	attract
quàn shuō 劝说	persuade
bāng zhù 帮助	help
kē xué 科学	science
jìng huà 净化	purify
chún jìng 纯净	pure
qiǎo miào 巧妙	clever
zhì liàng 质量	quality
hù fū pǐn 护肤品	skincare product
yī jiù 依旧	as...as ever
gù yì 故意	deliberately
chōng jī 冲击	shock
háng kōng 航空	airline
suō duǎn 缩短	shrink
qiáng diào 强调	emphasize
xiāng zào 香皂	soap
měi róng 美容	cosmetology
shāng pǐn 商品	product
rén xìng huà 人性化	humanize
gòng míng 共鸣	resonance
jī fā 激发	arouse
yù wàng 欲望	desire

使用。比如航空公司的广告："从12月23日起，大西洋将缩短20%"，谁能将大西洋缩短20%？这一夸张的说法是要强调人们的旅行将因飞机变得更加快速、方便。又如香皂广告："今年二十，明年十八"，谁能让时间回到过去？这种说法虽然不合常理，但却生动地说明了香皂的美容效果。

四、拟人的手法

拟人是指在广告中把本来没有生命的商品比作人，使商品更加人性化，从而引起人们的共鸣。如保护草地的公益广告："别踩，我怕疼"，就是把小草比作人，让人对小草产生怜爱之情，达到广告效果。

总之，在广告中运用一些手法可以形象而生动地宣传产品，给产品注入新的活力，激发人们的购买欲望，从而实现广告的目的。

天地广告中心

2021年9月12日

🔍 语法重点 Key Points of Grammar

指示代词　Demonstrative pronoun

① 这、这个、这些、这里、这儿，是指近处的事物或地点。
This (这、这个), these (这些), here (这里、这儿) are the demonstrative pronouns of near things and places.

② 那、那个、那些、那里、那儿，是指远处的事物或地点。
That (那、那个), those (那些), there (那里、那儿) are the demonstrative pronouns of distant things and places.

> **E.g.**
> - 这是一本书。这些是课本。This is a book. These are the books.
> - 那是我的学校。那些人都是我的同学。That is my school. Those are my classmates.
> - 赶紧吃，这里有很多餐馆。到了那里，就什么也没得吃了。
>   Eat quickly, there are lots of restaurants here. When we reach there, we won't find a proper meal.
> - 你把书放在这儿就可以，放在那儿我担心被小偷偷走了。
>   Put the books here, the thieves might get their hands on them there.

课文理解 Reading Comprehensions

① 广告语言有什么作用？

② 为什么要在广告中使用数字？

③ 在广告中使用比喻手法有什么效果？

④ 肥皂广告的"今年二十，明年十八"是什么意思？

⑤ "别踩，我怕疼"运用了什么手法？

概念与拓展理解 Concepts and Further Understanding

① 课文二的写作目的是什么？ What is the writing purpose of text 2?

② 课文二是如何清楚地达到写作目的的？ How is the writing purpose of text 2 articulated?

③ 除了课文二中的方法，还有哪些方法能让广告更有吸引力？
In addition to the method in text 2, what other methods can make advertisements more attractive?

④ "今年二十，明年十八"和"别踩，我怕疼"这两句广告词表达的心情是一样的吗？
Do the slogans "今年二十，明年十八" (Twenty this year, eighteen next year) and "别踩，我怕疼" (Don't step on me and bring me throbbing pain) express the same feelings?

⑤ 请重新给小草做个公益广告。Please create a new version of the public service advertisement for the grass.

Lesson 6 : Communication and media 交流与媒体 139

语言练习 Language Exercises

把下面的词语组成正确的词组。Connect the corresponding words below to form a correct phrase.

① 缩短　　实验　　② 产生　　想象
　　强调　　重点　　　　激发　　共鸣
　　科学　　距离　　　　保证　　质量

从生词表里找出下列词语的同义词。
Find the synonyms of the following words in the vocabulary list.

③ 抱负＿＿＿＿＿　④ 诱惑＿＿＿＿＿　⑤ 忠告＿＿＿＿＿

从生词表里找出下列词语的反义词。
Find the antonyms of the following words in the vocabulary list.

⑥ 捣乱＿＿＿＿＿　⑦ 污染＿＿＿＿＿　⑧ 笨拙＿＿＿＿＿

选择正确的词语填空。Fill in the blanks with the right words.

> 散步　报纸　无处不在　纯净　护肤品　依旧
> 故意　冲击　香皂　美容　商品　人性化

⑨ ＿＿＿＿的设计，让这所大学吸引了很多外国人来学汉语。
⑩ 这个小姑娘的眼睛如同黑珍珠一般＿＿＿＿。
⑪ 超市＿＿＿＿打折，吸引了很多人来购买。
⑫ 今天＿＿＿＿上发表了一篇《如何学习汉语》的文章。
⑬ 现在流感很严重，最好不要去外面＿＿＿＿。
⑭ 听说多吃香蕉有助于＿＿＿＿，我觉得这是虚假信息。
⑮ 流感期间，要多用＿＿＿＿洗手，才能清除病菌。
⑯ 病毒＿＿＿＿，还是要戴好口罩，勤洗手。
⑰ 蜂蜜是天然的＿＿＿＿，可以让你的皮肤变得光亮。
⑱ 沈老师反复讲解这个词的意思，但我＿＿＿＿听不懂。
⑲ 石头在海浪的＿＿＿＿下变得十分光滑。
⑳ 老师＿＿＿＿用书敲了敲桌子，以引起同学们的注意。

在括号里填入正确的指示代词。
Fill in the brackets with correct demonstrative pronouns.

㉑ 从山顶看整座城市，他兴奋地说："（　　　）的风景真美呀！"
㉒ 你可以去（　　　）帮我把作业搬过来吗？
㉓ （　　　）花是要送给老师的，今天是王老师的生日。
㉔ 说起二十年前的（　　　）件事，她还是忍不住留下眼泪。
㉕ （　　　）白色的衣服要放在一起洗，这件蓝色的必须要单洗。

课堂活动 Class Activities

广告大师 Master of Advertising

下面的广告运用了哪些写作手法？
Which writing techniques have been applied to the advertisements below?

	广告	写作手法
1	音响广告：影像逼真，分秒触目惊心。	
2	招聘广告：网罗精英，如鱼得水。	
3	华侨银行广告：华侨有喜，碧山分行，现已诞生。	
4	环保公益广告：一块旧手机电池，可严重污染6万升水。6万升水足够装满3个标准游泳池。	

口语训练 Speaking Tasks

第一部分　根据图片，做3-4分钟的口头表达。做口头表达之前，先根据提示写大纲。

Make a 3-4 minutes oral presentation based on the picture. Before you start, use the form below to make an outline.

茶
红茶暖腹
绿茶清火
花茶提神
保健茶饮
健体养颜
6折起
礼遇宾朋
常饮长健

大纲 Outline	内容 Content
图片内容 Information of the picture	
图片主题 Theme of the picture	
提出观点 Make your points	
延伸个人经历 Relate to personal experiences	
名人名言 Famous quotes / 熟语 Idioms	
总结 Summary	

第二部分　回答下面的问题。Answer the following questions.

① 看了这个广告后你会买茶来喝吗？为什么？
② 图片上的文字如何帮助你理解这张广告？
③ 这个广告的作者可能是什么人？作者对这个广告的态度是什么？
④ 这个广告的口号是什么？这个口号是什么意思？
⑤ 从这个广告中你学到了哪些茶文化？

> **Tips**
>
> **如何根据图片有条理地发表看法？**
> Express your points of view logically based on the picture?
>
> 拿到图片时，你有 15 分钟准备时间，这时候应该根据图片的提示，有条理地组织口头表达的内容，并提出自己的看法。可以大致分以下几个步骤：
> When you get the picture, there are 15 minutes for you to prepare. By this time, you should organize your speech and address it methodically. In order to achieve that, there are three steps you can reference:
>
> 1. 看图片：注意图片中人物的表情／动作／服饰等；注意事物摆放的位置、颜色、画面背景等细节。
>   Look at the picture: take a good look at the facial expression, action, and costume in the picture. Be aware of the details including the placement of objects, color, and background.
>
> 2. 描述图：根据图片所展示的人物／事物，按照一定的顺序进行描述，可以从左到右，由远及近，从上到下，从中间到两边等等。
>   Describe the picture: According to the person / object shown in the picture, describing them in a specific order: from left to right, from near to far, from up and down, and from the middle to both sides.
>
> 3. 谈感受：谈谈自己对图片整体的感受和想法。可以用"我猜他们应该是……""我猜这是商家中秋节做的广告……"。
>   Express your feeling: Talk about what you feel or think of the picture as a whole. You can say "I guess they are..." or "I think it is a commercial for Mid-Autumn Festival..."

技能训练 Skill Tasks

阅读训练 Reading Tasks

文章 1：世界各国如何应对假新闻

仔细阅读下面的短文，然后回答问题。
Read the passage carefully and answer the questions.

假新闻就是借新闻报道的形式传播错误信息的新闻。假新闻的传播会影响人们的判断，也会引起社会的不安。世界各国都采取了一系列的方法来打击假新闻。

A. 英国

英国专门成立了打击假新闻小组，重点检查脸书、推特等社交网站，加大对假新闻的打击力度。同时，在网络、电视、电台上向人民介绍真新闻所需要的条件，比如要提供详细、可信的数据。

B. 德国

为了打击社交媒体传播假新闻，德国严格立法，传播假新闻的人，一旦发现就将被逮捕，而且会被关五年。媒体如果没有在二十四小时内删掉假新闻，将被罚款五十万欧元。

C. 美国

美国政府要求脸书、推特等社交网站必须先检查所有内容是否属实，并删除虚假的内容。谷歌也不允许传播假新闻的网站播放广告。

D. 中国

中国将教育大众如何判断信息的真假作为打击假新闻的重点。大众在收到信息时，不要马上转发，以免传播假消息。过去，人们都是通过新闻了解事情的真相，然而，现在的新闻并不可靠，很多媒体为了提高点击率而制造假消息，这给国家安全和社会安定带来了严重危害，需要引起大家的注意。

根据以上短文，选择正确的答案，在方格里打勾（✓）。
According to the passage above, tick (✓) in the correct boxes.

① 哪个国家通过制定严格法律打击假新闻？
　　A.☐　　B.☐　　C.☐　　D.☐

② 哪个国家要求社交网站在发布信息之前先检查新闻的真假？
　　A.☐　　B.☐　　C.☐　　D.☐

③ 哪个国家要向人民介绍真实新闻必须具备的条件？
　　A.☐　　B.☐　　C.☐　　D.☐

④ 哪个国家将教育大众判断真假新闻作为重点？
　　A.☐　　B.☐　　C.☐　　D.☐

⑤ 哪个国家不让传播假新闻的网站播放广告？
　　A.☐　　B.☐　　C.☐　　D.☐

⑥ 哪个国家对制造假新闻的人进行罚款？
　　A.☐　　B.☐　　C.☐　　D.☐

⑦ 哪个国家为打击假新闻专门成立了工作小组？
　　A.☐　　B.☐　　C.☐　　D.☐

⑧ 哪个国家要求人们收到信息不要在第一时间内转发消息？
　　A.☐　　B.☐　　C.☐　　D.☐

⑨ 哪个国家通过立法规定传播假新闻的人将坐牢？
　　A.☐　　B.☐　　C.☐　　D.☐

文章 2 真心馅饼礼盒

❶ 超值礼盒五盒装，传承福建风味。传统手工制作，每一口都是经典味道。色香味俱全，营养丰富，老少皆宜。

- 价格：￥40.00
- 送货地区：中国和亚洲其他国家
- 优惠：买五盒送一盒
- 总销量：17709 件

❷ 商品详情

【-8-】真心老字号礼品

【-9-】草莓、哈密瓜、红豆、芒果等七种口味

【-10-】800 克

【-11-】福建厦门

【-12-】三个月

【-13-】面粉、绿豆、糖、芝麻、花生等

❸ 购前须知

- 由于馅饼保质期短，所以不接受退货。
- 在快递过程中，如果馅饼被压碎无法送人或变质等，可以退货；如果不是馅饼本身的问题，将不接受退货。
- 网站地址：http://www.1988zx.cn/
- 客服电话：0592-2125825
- 公司地址：福建省厦门市思明区中山路 22-24 号

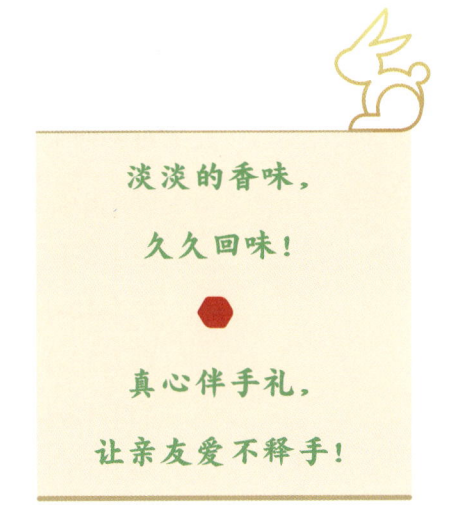

淡淡的香味，久久回味！

真心伴手礼，让亲友爱不释手！

根据 ❶，判断对错，在横线上打勾（✓），并以文章内容说明理由。

According to ❶, determine the following sentences are true or false with ticks ✓, and write your reason on the lines.

① 礼盒超值是因为将五盒馅饼包装在一起。　　　　　　　　　对　　　错
　　理由：_____　___　___

② 真心馅饼主要受老年人喜爱。　　　　　　　　　　　　　　对　　　错
　　理由：_____　___　___

③ 真心馅饼是由工厂机器制作的。　　　　　　　　　　　　　对　　　错
　　理由：_____　___　___

④ 真心馅饼有北京人喜欢的口味。　　　　　　　　　　　　　对　　　错
　　理由：_____　___　___

⑤ 真心馅饼只卖给中国人。　　　　　　　　　　　　　　　　对　　　错
　　理由：_____　___　___

⑥ 真心馅饼已经卖了上万件礼盒。　　　　　　　　　　　　　对　　　错
　　理由：_____　___　___

⑦ 真心馅饼可以在网上购买。　　　　　　　　　　　　　　　对　　　错
　　理由：_____　___　___

根据 ❷，选出相应的词语，把答案写在横线上。

According to ❷, choose the corresponding words and write the answers on the lines.

⑧ [-8-]　　_____　　A. 净重

⑨ [-9-]　　_____　　B. 保质期

⑩ [-10-]　　_____　　C. 口味

⑪ [-11-]　　_____　　D. 配料

⑫ [-12-]　　_____　　E. 产地

⑬ [-13-]　　_____　　E. 地点

　　　　　　　　　　　F. 名称

　　　　　　　　　　　G. 质量

　　　　　　　　　　　H. 名字

根据 ③，回答下面的问题。
Answer the following questions in accordance with ③.

⑭ 写出真心馅饼可以退货的理由。

a._____

b._____

⑮ 这是_____。

A. 一篇日记　　B. 一张宣传单

C. 一封书信　　D. 一篇访谈稿

⑯ 真心馅饼除了可以买来自己吃，还可以买来_____。

听力训练 Listening Tasks

一、《讲华语运动》

你将听到关于新加坡《讲华语运动》的报道。你将听到两遍。请听录音，然后回答问题。
You will hear a Singapore news report *Speaking Chinese Movement*. The clip will be played twice. Please listen and answer the questions.

请先阅读一下问题。Please read the questions.

① 新加坡人要努力学习华语，因为他们的双语优势正在_____。

② 李显龙呼吁新加坡人要在_____中多使用华语，保持新加坡华语的活力。

③ 李显龙认为新加坡大多数年轻人的华语说得_____。

④ 世界各地的人都知道，如果要和中国人_____，就必须学好华语。

⑤ 2019年讲华语运动的口号是"_____"。

⑥ 主办方希望挑选出"_____"，通过他们的故事来激励新加坡人学习华语。

⑦ 总理亲自宣传讲华语的重要性，肯定能_____很多年轻人学习华语。

⑧ 新加坡人学习华语面临的挑战主要是生活中_____使用华语的环境和机会。

Tips

如何区分广告中的"事实信息"和"宣传用语"？
How to distinguish "authentic information" and "propaganda language"?

广告、海报、传单、宣传册或者小册子在宣传的时候形式多种多样。在读这些广告宣传时，要懂得区分广告中的"事实信息"和"宣传用语"，才能准确了解广告的内容。

There are lots of advertisements: commercial, poster, flyer, and pamphlet. When we are reading them, it is necessary to distinguish "authentic information" and "propaganda language" so that we can have an accurate comprehension of the advertisements.

"事实信息"是指广告中介绍关于产品的真实材料等信息。

The "authentic information" refers to the true information about the product in the advertisement.

"宣传用语"是广告宣传的真实目的，一般是含有写作手法的描述性的语言。

The "propaganda language" refers to the descriptive languages which generally contain rhetorical techniques. They are the real target of an advertisement.

现在请找找文章2广告的"事实信息"和"宣传用语"。

Now please find out the "authentic information" and "propaganda language" in passage 2.

Tips

如何听新闻？How to listen to a news properly?

考听力的时候一定会考新闻，考生应该懂得如何理清新闻时间，把握新闻的主要内容，了解新闻发生的原因、经过和结果。

News is a common session in many listening tests. Students should recognize the timeline, and understand the main content, the cause, the course, and the result of the news.

我们可以采用六要素来听新闻。

Listen to the news through the six elements.

请根据听力一，填写右面的表格。

Fill the table on the right based on listening 1.

六要素 Six elements	内容 Content
人物 Character	
时间 Time	
地点 Place	
原因 Cause	
经过 Course	
结果 Result	

二、《老人花钱买不适》 🎧24

你即将听到第二个听力片段，在听力片段二播放之前，你将有四分钟的时间先阅读题目。听力片段将播放两次，听力片段结束后，你将有两分钟的时间来检查你的答案。请用中文回答问题。

You will hear the second audio clip. You have 4 minutes to read the questions before it starts. The clip will be played twice, after it ends, 2 minutes will be given to check the answers. Please answer the questions in Chinese.

根据第二个听力片段的内容，回答问题 ①-⑥ 。

Answer the questions ①-⑥ according to the second audio clip.

根据第二个听力片段的内容，从 A，B，C 中，选出一个正确的答案，把答案写在横线上。

According to the second audio clip, choose the right answer from A,B,C and write it on the line.

① 老人到警察局报案，因为_____。
   A. 他丢了 11000 元
   B. 他健康出现了问题
   C. 他被"社区家园"的人骗了

② 容易被骗子骗的大部分是_____。
   A. 独居老人   B. 子女不给他钱的老人   C. 知识水平低的老人

③ 老人容易被骗是因为_____。
   A. 宣传广告做得好   B. 子女不给钱   C. 缺乏关怀

选出五个正确的叙述。**Choose five correct descriptions.**

④ _____   A. 骗子会发购物优惠的宣传单。
   _____   B. 骗子用"社区家园"的名义取得老人的信任。
   _____   C. "社区家园"的人会每周送大米等礼品给老人。
   _____   D. "社区家园"会为老人举办生日晚会。
   _____   E. "社区家园"会免费为老人举办健康讲座。
            F. "社区家园"在取得老人的信任后宣传他们的产品。
            G. "社区家园"与当地居委会合作办健康讲座。
            H. "社区家园"到街道上寻找老人作为宣传目标。

回答下面的问题。**Answer the following questions.**

⑤ 骗子利用老人什么样的心理而开设健康讲座？

⑥ 警方提醒老年人应怎么做才不会被宣传所骗？

Tips

文体：论文
Text type: Essay

论文也叫议论文，是针对某人、某事物、某事件发表意见或看法的一种文体。

An essay is also a type of argumentation, which is an article of expressing opinions on something, someone, and events.

写作训练：论文 Writing Tasks: Essay

热身

● 根据课文一，讨论论文的格式是什么。
According to text 1, discuss the format of an essay.

格式　参考课文一

标题
作者

　　开头：提出论点

　　正文：有条理地论证论点
　　　一方面……
　　　另一方面……

　　结尾：重申论点
　　　总而言之……

练习一

你的朋友变胖了，决定通过吃减肥药恢复身材。她上网看了很多关于减肥药的宣传广告，选择了一种，试用了一段时间后，发现自己更胖了。请针对这个事件发表一篇论文。以下是一些别人的观点，你可以参考，也可以提出自己的意见。但必须明确表示倾向。字数：250-300个汉字。

> 广告宣传的"瘦就是美"是大家公认的。所以美女就必须是瘦的。

> 心灵美才是真正的美，不能以广告宣传的美作为美的标准。

练习二

越来越多的年轻人喜欢在网上买书，他们认为去当当网或者淘宝网买书，不但价格便宜，而且方便、快捷。这对实体书店的生意产生了很大的影响，很多书店被迫关门。请针对这一情况，写一篇议论文，发表自己对这种现象的看法。字数：300-480个汉字。

> **Tips**

如何写论文？How to write a good essay?

一、议论文的基本结构 The basic format of an essay

写议论文的时候，一定要遵守议论文的三个基本部分。
There are three basic parts you need to follow when you are writing an essay.

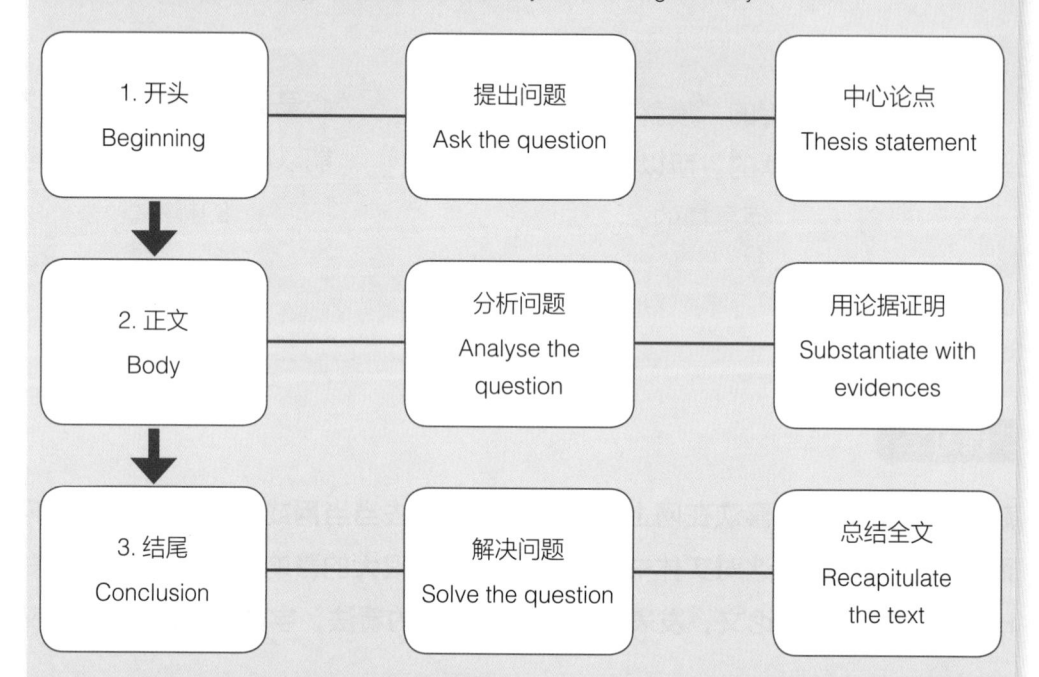

```
1. 开头 Beginning  ──  提出问题 Ask the question  ──  中心论点 Thesis statement
          ↓
2. 正文 Body       ──  分析问题 Analyse the question  ──  用论据证明 Substantiate with evidences
          ↓
3. 结尾 Conclusion ──  解决问题 Solve the question  ──  总结全文 Recapitulate the text
```

二、议论文三要素 The three elements of an essay

首先，论点要明确，不可模糊。论据要典型，不能是人们不熟悉或不知道的事例。论证要有逻辑性，不可随意。所引用的熟语或者典故应该是大家熟知的，否则无法引起共鸣。

First, you should specify your standpoint without any ambiguity. Your evidence has to be typical. The abnormal and unknown examples are definitely unqualified. Then, the demonstrations need to be logical and prudent. All the idioms and stories you cite have to be familiar, otherwise, it is difficult to arouse responses.

其次，论文的结构要有组织性和条理性。
Next, your argumentation should have an intact structure and logic.

最后，需要强而有力的文字。
Finally, potent words are needed.

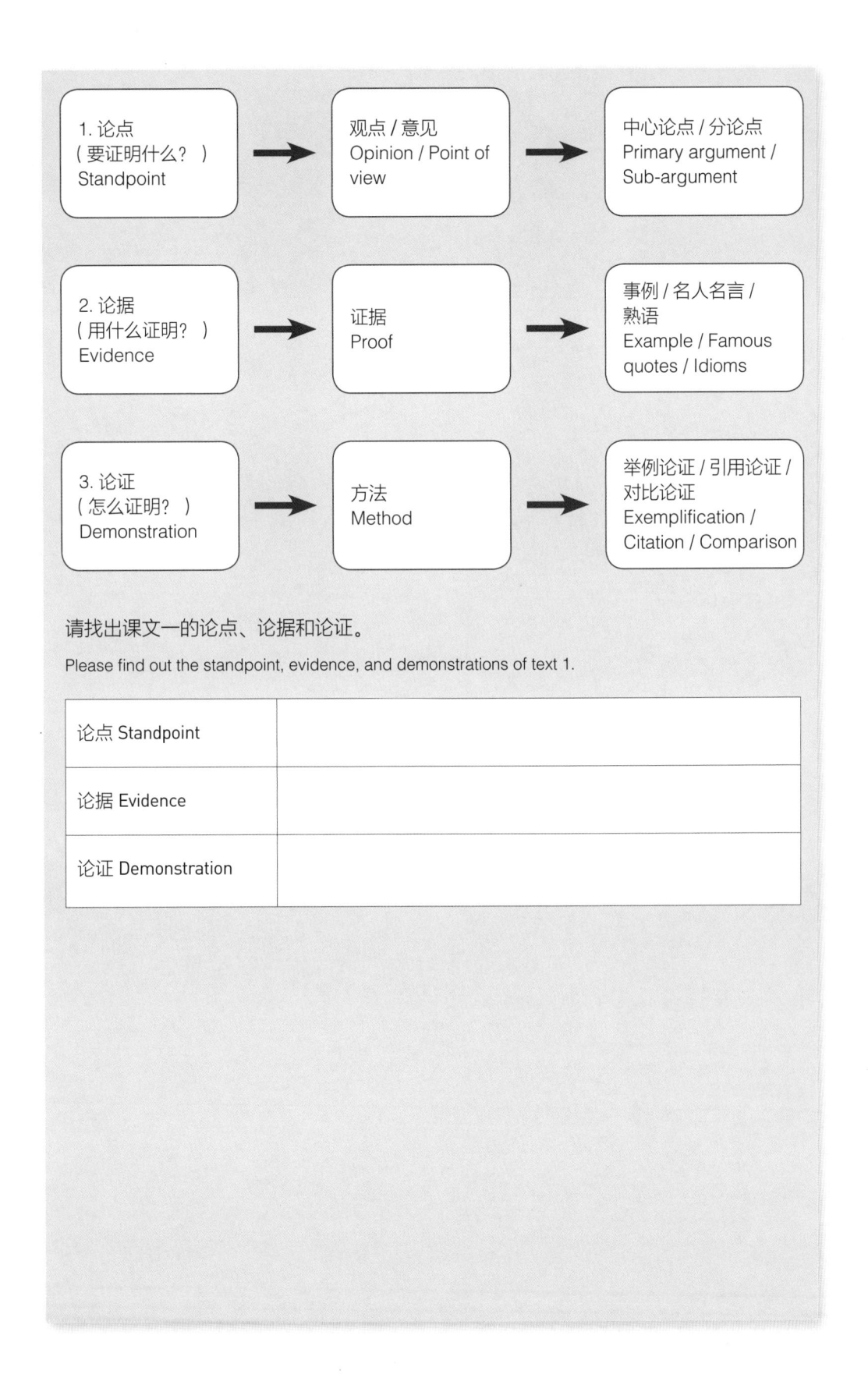

```
1. 论点              观点/意见           中心论点/分论点
   (要证明什么？)  →  Opinion / Point of  →  Primary argument /
   Standpoint          view                Sub-argument


2. 论据              证据                事例/名人名言/
   (用什么证明？) →   Proof            →  熟语
   Evidence                                Example / Famous
                                           quotes / Idioms


3. 论证              方法                举例论证/引用论证/
   (怎么证明？)   →   Method           →  对比论证
   Demonstration                           Exemplification /
                                           Citation / Comparison
```

请找出课文一的论点、论据和论证。

Please find out the standpoint, evidence, and demonstrations of text 1.

论点 Standpoint	
论据 Evidence	
论证 Demonstration	

Lesson 6: Communication and media 交流与媒体 153

The world around us
同一个世界

Unit 3

Lesson 7

Famous places
风景名胜

Lesson 8

Travel
旅行

Lesson 9

Urban and rural life
城乡生活

Lesson 7　Famous places
风 景 名 胜

导入　Introduction

风景名胜是一个国家的名片，人文景观记录了当地人曾经艰苦奋斗的历史，蕴含着这个民族特有的精神价值和思维方式。保护风景名胜可以维护世界文化的多样性和创造性。青少年应该了解风景名胜的历史，参与到风景名胜区的保护中。

Famous places are the national name cards of a country. They carve out the history of the locals, and also illustrate their unique values and thinking modes. Therefore, preserving a famous place means to preserve the diversity and creativity of the cultures. Teenagers should have a deeper understanding of these places and take on the role of preserving of them.

学习目标　Learning Targets

阅读 Reading

学习如何对文章进行细读。
Learn how to peruse a passage.

口语 Speaking

学会如何描述景物。
Learn to describe a scenic place properly.

掌握如何为景点写解说词。
Learn to write introduction of a scenic place.

听力 Listening

可以准确辨识数字。
Distinguish numbers accurately.

写作 Writing

掌握前后照应式的写作方法。
Learn the writing technique "coherence".

生词短语

gù gōng 故宫	the Forbidden City
lùn tán 论坛	forum
yuán sù 元素	element
róng rù 融入	integrate into
wǎng hóng 网红	Internet celebrity
fěn sī 粉丝	fan
yán sù 严肃	serious
huáng dì 皇帝	emperor
zhuī qiú 追求	pursue
shí shàng 时尚	fashion
bǎo chí 保持	maintain
péng you quān 朋友圈	friend circle
gè xìng 个性	personality
tuī chū 推出	release
kǒu hóng 口红	lipstick
líng gǎn 灵感	inspiration
gǔ diǎn 古典	classical
jiàn zhù 建筑	architecture
kǒu wèi 口味	taste
dú tè 独特	distinct
mèi lì 魅力	charisma
lǜ zhōu 绿洲	oasis
yuè dú 阅读	pageview
píng lùn 评论	comment
zhuǎn zǎi 转载	forward
shōu cáng 收藏	favorites

1 课文　600岁的故宫

故宫论坛

600岁的故宫

2020年11月5日　17:48

说起故宫，你会想到什么呢？现在的故宫，虽然600岁了，却依旧年轻美丽。因为跟得上年轻人的脚步，将年轻人喜爱的元素融入到宣传中，600岁的故宫成为了网红。故宫是如何变得越来越红的？

首先，故宫通过丰富自身形象迎来了大批年轻粉丝。例如，故宫将严肃的皇帝用可爱的形象展现出来，成功吸引了追求时尚文化的年轻人。为了能够保持可爱的形象，故宫还用现代网络流行语，如《如果古代有手机》《一条发给古代的朋友圈》等，表达自己的个性，直接和年轻人进行沟通。

为了吸引年轻人的目光，故宫推出了口红、睡衣、日历等受年轻人欢迎的产品。这些产品的灵感来自中国古典文化，如建筑、书法、绘画等。故宫将中国传统文化与流行文化相结合，打造出符合年轻人口味的产品，多方面展现了中国文化，这也让600岁的故宫显得更年轻了。

除此之外，故宫通过社交媒体和广大年轻人直接交流，分享故宫美丽的风景、可爱的动物、

有趣的故事等等。这样一来，故宫不但拉近了自己和年轻人之间的距离，也拥有了独特的自然魅力与人文魅力。

故宫之所以会这么受年轻人欢迎，主要是因为在历史文化和年轻人喜欢的时尚文化之间找到了连接点。在现代科技的帮助下，故宫的宣传更立体，更有趣。故宫是一座活着的文物之城，希望它不仅是一个知识的课堂，更能够成为一片文化的绿洲。

希望在未来，年轻人也能将故宫完整地交给下一个600年！

阅读（36） 评论（12） 转载（9） 收藏（20）

> **Culture Point**
>
> 北京故宫于1406年开始建设，1420年建成，是中国明清两代的皇家宫殿，旧称紫禁城，位于北京的中心。北京故宫是世界上现存规模最大、保存最为完整的木质结构古建筑之一。故宫有着丰厚的文化资源，对传承中华民族的传统文化、促进各国的文化交流都发挥着重要的作用。如今，人们不但喜欢去故宫参观文物国宝，还喜欢购买与故宫有关的周边产品。六百岁的故宫成为了网红。
>
> The Forbidden City's construction had begun in 1406 and finished in 1420. It is the imperial palace of the Ming Dynasty and the Qing Dynasty, which was formerly called the Zijin City located in the centre of Beijing city. It is the largest and best-preserved ancient wooden architecture in the world. There are abundant cultural resources in the Forbidden City, and they play a crucial role in promoting cultural interactions among countries. Nowadays, people not only like to visit the Forbidden City to see cultural relics, they also like to buy souvenirs that relate to the city. The 600-year-old Forbidden City has become a social media influencer.

语法重点 Key Points of Grammar

目的复句 Purposed complex sentence

目的复句中，一个分句表示目的，另一个分句表示为了达到目的而采取的行动。常用关联词语是"为了"。

A complex sentence, in which one clause is used for demonstrating the purpose, and the other clause is used for the action in order to achieve the purpose, is called a purposed complex sentence. The common conjunction used is "为了 (for / to)".

> **E.g.**
> - 为了保持可爱的形象，故宫还用现代网络流行语表达自己的个性，直接和年轻人进行沟通。
>   For maintaining the lively image, the Forbidden City applies the language of the Internet to express its characteristics, and communicate with the young.
> - 为了吸引年轻人的目光，故宫推出了口红、睡衣、日历等受年轻人欢迎的产品。
>   To attract the young, the palace has produced souvenirs like lipsticks, pyjamas, and calendars.

课文理解 Reading Comprehensions

① 600 岁的故宫为什么依旧年轻？

② 故宫如何吸引追求时尚文化的年轻人？

③ 故宫推出的产品，灵感来自哪些中国古典文化？

④ 故宫如何拉近和年轻人之间的距离？

⑤ 故宫为什么受年轻人的欢迎？

概念与拓展理解 Concepts and Further Understanding

① 故宫在做宣传时，采用了哪些方法？
Which of the publicizing methods did the Forbidden City use?

② 如果是面向老年人，故宫的宣传会不一样吗？
Will the publicizing methods be changed if the target is the old?

③ 为什么故宫建筑被记录和保留了下来，而在故宫里发生的历史事件等其他方面却消失了？
Why are the buildings of the Forbidden City recorded and preserved, while other things happened there, including history events, have disappeared?

④ 不同国家的高中历史课程对故宫的介绍会是一样的吗？
Is the introduction of the Forbidden City the same in different countries?

⑤ 对故宫的包装宣传，是对历史的不尊重吗？
Do you think the promotion of the Forbidden City is a disrespect to history?

语言练习 Language Exercises

把有错别字的词语圈出来，并将正确的词语填写在括号内。
Circle the wrongly written characters, and write the correct words in the brackets.

① 故宫　　嗝入　　灵感　　（　　　　）
② 伦坛　　元素　　网红　　（　　　　）
③ 口味　　健筑　　转变　　（　　　　）
④ 皇帝　　追求　　严啸　　（　　　　）
⑤ 时尚　　保寺　　推出　　（　　　　）
⑥ 古碘　　独特　　朋友圈　（　　　　）
⑦ 个性　　鬼力　　评论　　（　　　　）
⑧ 收藏　　口红　　绿州　　（　　　　）

从括号里选出合适的词语填空。 Fill in the blanks with the appropriate word in the brackets.

⑨ 短短两年，他已经完全＿＿＿＿＿＿了新加坡当地的生活。
　（融入　　加入　　填入　　添入）

⑩ ＿＿＿＿＿＿人们传统的观念并不是一件容易的事。
　（变化　　转变　　转化　　变迁）

⑪ 有一些青年人只＿＿＿＿＿＿金钱和享乐，这是不对的。
　（追赶　　追求　　乞求　　求饶）

⑫ 我们要爱护自然环境，＿＿＿＿＿＿生态平衡。
　（保守　　坚持　　保持　　持久）

⑬ 这家餐厅即将＿＿＿＿＿＿很多好吃的套餐，供学生们选择。
　（推挤　　推动　　推迟　　推出）

⑭ 平时要多＿＿＿＿＿＿各类书籍，这样你的知识面才会变广。
　（朗读　　阅历　　读书　　阅读）

⑮ 在网络上留言＿＿＿＿＿＿别人文章的时候，要注意文明用语。
　（争吵　　评论　　讨好　　论文）

⑯ 当我们＿＿＿＿＿＿他人文章的时候，一定要注明出处。

（转让　　下载　　玩转　　转载）

⑰ 爸爸＿＿＿＿＿＿了很多古董，每个都很珍贵。

（收发　　收拾　　收藏　　收看）

请在下面句子适当的地方加"为了"，使句子变得更完整。
Complete the sentence with the word "为了" in suitable places.

⑱ 不吵醒别人，我悄悄地离开了。

⑲ 我来中国读书是想学好中文。

⑳ 批评你是教育你，让你知道错在哪里。

课堂活动 Class Activities

故宫达人 Expert of the Forbidden City

分工合作，上网查看视频《故宫》，用 PPT 向班级介绍故宫。下列问题可以作为参考。

Work in groups, watch the video *The Forbidden City* on the Internet, then make a powerpoint presentation to introduce the Forbidden City to the class. You may refer to the guiding questions below.

① 故宫为什么叫紫禁城？
② 为什么故宫是个神奇的动物园？
③ 故宫有哪些"中国色"？
④ 故宫里为什么有 308 个水缸？
⑤ 故宫里最重要的宫殿是哪座？
⑥ 古代盖房子都不需要用钉子，这是真的吗？
⑦ 故宫有 9999 间半房间，皇帝为什么需要这么多个房间？
⑧ 服饰颜色有等级之分吗？
⑨ 古代人是怎么制造衣服的？
⑩ 古代人的衣着之美体现在哪里？

口语训练 Speaking Tasks

第一部分 根据主题"风景名胜",做 2-3 分钟的口头表达。做口头表达之前,先根据提示写大纲。Make a 2-3 minutes oral presentation on the theme "famous places". Before you start, use the form below to make an outline.

大纲 Outline	内容 Content
观点 Perspectives	
事例 Examples	
名人名言 Famous quotes / 熟语 Idioms	
经历 Experiences	
总结 Summary	

第二部分 回答下面的问题。Answer the following questions.

① 你去过哪些风景名胜?可以介绍一个吗?
② 参观风景名胜时,你觉得有导游和没导游有什么区别?
③ 你为什么要去参观风景名胜?
④ 在网上看风景名胜和实地去看有什么不同?
⑤ 如果有人破坏风景名胜,你会上前制止吗?为什么?

🏷 Tips

如何描述景物? How to describe a scenery?

在介绍景物或者风景名胜的时候,可以将自己放进所要描述的画面中。用拍摄纪录片的镜头语言进行描述,类似于先进行航拍,再拍近景。这种宏观加微观的描述方法会给人一种走进画面的体验,再加上自己的情感体验,真实感就会大大提升。
When you introduce a scenery, imagine you are a part of it. Describe what you saw with the documentary language. It's like using a long shot and then zoom in. The interweaving of the macro and the micro world produces an effect of walking into the scene. If you put your emotional experiences on top of that, the authenticity will be significantly increased.

第一步:先描述大的景物,比如树木,河流,草原,山峰等等。
Step 1: Describe large object, for example: tree, river, glassland, mountain, etc..

第二步:描述较小的景物,比如花朵上的蝴蝶,树上的小鸟等等。
Step 2: Describe small object, for example: the butterfly on the flower, the bird on the tree, etc..

第三步:说明自己的感受。Step 3: Express your feeling.

生词短语

tái wān	台湾 Taiwan
tí gōng	提供 provide
jiǎng jiě	讲解 explanation
xíng chéng	行程 schedule
xiǎng shòu	享受 enjoy
lǚ xíng	旅行 travel
rì yuè tán	日月潭 Sun Moon Lake
chéng qiān shàng wàn	成千上万 thousands of
yóu kè	游客 tourist
zhào cháng	照常 as usual
huī fù	恢复 recover
shǒu hù	守护 protect
yóu lái	由来 origin
tóu yǐng	投影 projection
lǒng zhào	笼罩 shroud
dí què	的确 certainly
shēn kè	深刻 profound
yìn xiàng	印象 impression
liàng jiě	谅解 understanding

2 课文　台湾日月潭的由来

各位朋友：

大家好！

我叫余文，是今天的导游。欢迎来到台湾。在接下来的时间里，我将为各位提供讲解，我一定会尽力安排好行程，让大家能享受这次旅行。

现在，我先给大家介绍一下台湾的著名景点——日月潭。为什么日月潭每年能吸引成千上万的游客呢？传说在很久以前，日月潭里住着两条龙。有一天早上，太阳照常从东边升起来。突然，一条龙跳出来，将太阳吞进了肚子里，躲进了水里。到了晚上，月亮爬到空中，另一条龙也跳出来，将月亮吞进了肚子里。就这样，太阳和月亮再也没有出现在天空中，人们整天生活在黑漆漆的夜里。看不到太阳和月亮，人们不知道如何平平安安地生活下去。

这时候，有两位青年男女，为了把太阳和月亮找回来，到处找那两条龙。他们找了很久，终于找到了，还和龙打了起来，最后把那两条龙打死了。可是，龙被杀死后，没有人帮忙把太阳和月亮送到天空。怎么办呢？男的只好在白天的时候，吞下一条龙的心，变成龙，将太阳送到天空。到了夜晚，女的吞下另一条龙的心，变成龙，将月亮高高举起，送上夜空。于是，白天和黑夜又恢复了。因为怕其他龙再来抢走太阳和月亮，这两位青年决定把自己变成两座大山，站在日月潭旁边，永远守护日月潭。这就是日月潭的由来。

关于日月潭的由来，还有另外一个说法。日月潭的中间有一座美丽的小岛，小岛把湖分成两半，一边圆圆的，像太阳，叫日潭。一边弯弯的，像月亮，叫月潭。白天的日月潭在太阳的照射下，碧绿碧绿的。夜晚的日月潭，在月光的投影里，所有的景物就像被笼罩在童话世界里，轻飘飘的，非常美。

日月潭的由来到底是不是真的，并不重要，重要的是日月潭的景色的确很优美。大家现在一定很想去看看它真正的样子，对吗？别着急，再过十分钟，我们就会看到美丽的日月潭了。

好！关于日月潭的介绍就到这里，希望我的讲解能给大家留下深刻的印象。如果讲得不好，还请大家谅解！

语法重点 Key Points of Grammar

形容词重叠 Repeated adjectives

形容词重叠时，一般表示程度深，或包含喜爱的感情色彩，描写作用很强。
When a repeated adjective is applied in a sentence, it usually expresses a great degree or an affection. It contains a strong descriptive effect.

形容词重叠形式分为以下几种：
There are several types of repeated adjectives:

① 单音节重叠 Single syllable：AA

> E.g.
> - 大大的眼睛、高高的个子
>   big eyes, tall stature

② 双音节重叠 Double syllables：AABB

> E.g. ● 干干净净、白白胖胖、老老实实
> neat and clean, white and plump, frank and honest

③ 双音节重叠 Double syllables：ABAB

> E.g. ● 雪白雪白、鲜红鲜红
> snow white, bright red

④ ABB

> E.g. ● 亮晶晶、绿油油、黑漆漆
> crystal bright, shiny green, pitch dark

课文理解 Reading Comprehensions

① 余文为游客提供什么服务？

② 为什么传说中的人们整天生活在黑夜里？

③ 那两位青年为什么要把自己变成两座山？

④ 夜晚的日月潭风景怎么样？

⑤ 导游是在日月潭旁边给游客做解释的吗？从哪里可以看出？

概念与拓展理解 Concepts and Further Understanding

① 课文二的文体是什么？ What is the text type of text 2?

② 课文二的写作目的是什么？ What is the writing purpose of text 2?

③ 导游为什么要介绍日月潭的传说？ Why does the tour guide introduce the story of Sun Moon Lake?

④ 我们如何判断是否可以信任导游所讲的关于景点的典故？
How can we know these stories from the tour guide are trustworthy?

⑤ 导游在做景点介绍的时候，是否存在着个人的偏见和喜好？
Is there any personal perspective and prejudice when a tour guide is introducing a place?

语言练习 Language Exercises

把下面的词语组成正确的词组。 Connect the corresponding words below to form a correct phrase.

① 提供　　家园　　② 恢复　　谅解
　　守护　　深刻　　　　取得　　正常
　　印象　　建议　　　　介绍　　行程

从生词表里找出下列词语的同义词。
Find the synonyms of the following words in the vocabulary list.

③ 给予＿＿＿＿＿　④ 保护＿＿＿＿＿　⑤ 还原＿＿＿＿＿

从生词表里找出下列词语的反义词。
Find the antonyms of the following words in the vocabulary list.

⑥ 吃苦＿＿＿＿＿　⑦ 反常＿＿＿＿＿　⑧ 误会＿＿＿＿＿

选择正确的词语填空。 Fill in the blanks with the right words.

> 讲解　行程　享受　旅行　成千上万　游客　照常　由来　投影　深刻　印象

⑨ 新老师的一言一行，给我留下了深刻的_____。
⑩ 过春节时，我们全家坐飞机到台湾_____。
⑪ 旅游季节，每天到故宫游览的人_____。
⑫ 下这么大的雨，爷爷还是_____出去锻炼身体。
⑬ 老师给我们讲了中秋节风俗习惯的_____。
⑭ _____是指将图形的影子投到一个面上。
⑮ 许多寓言故事包含着_____的道理。
⑯ 这本小说读起来一点儿也不枯燥，简直是美的_____。
⑰ 导游小姐带领_____参观故宫博物院。
⑱ 这次参观的_____安排得很紧张，来不及仔细了解。
⑲ 经过老师耐心的_____，我终于明白如何写好作文了。

根据提示，将下面的形容词重叠，使句子更完整。
Complete the sentences with repeated adjectives that are based on the words in the brackets.

⑳ 她长得很漂亮，眼睛_____（大）的，头发_____（长）的。
㉑ 他的房间总是打扫得_____（干净）。
㉒ 从此以后，他们一家三口_____（快乐）地生活在一起了。
㉓ 冬天的河水_____（冰凉）的，真是冷极了。
㉔ 天上的星星_____（亮）的。
㉕ 这两只小狗_____（胖）的。

🕐 课堂活动 Class Activities

小导游 Tour Guide

上网查找台湾日月潭的旅游路线图，分小组从不同方面简要向大家介绍日月潭的风景。
Search for the route map of the Sun Moon Lake on the Internet. Work in groups, and present the scenery to your classmates briefly.

口语训练 Speaking Tasks

第一部分 根据图片，做 3-4 分钟的口头表达。做口头表达之前，先根据提示写大纲。

Make a 3-4 minutes oral presentation based on the picture. Before you start, use the form below to make an outline.

大纲 Outline	内容 Content
图片内容 Information of the picture	
图片主题 Theme of the picture	
提出观点 Make your points	
延伸个人经历 Relate to personal experiences	
名人名言 Famous quotes / 熟语 Idioms	
总结 Summary	

第二部分 回答下面的问题。Answer the following questions.

① 如果你是导游，你会如何向游客介绍新加坡的景点？
② 你曾经去过哪些国家？哪个国家给你留下的印象最深刻？
③ 有人说新加坡到处都是人造美景，不是很有意思，你觉得呢？
④ 去一个国家旅行，你最想体验的是什么？
⑤ 你最糟糕的旅游经历是什么？可以分享一下吗？

Tips

如何解说一个景点？
How to introduce a tourist spot?

导游解说景点和自己描述景点是不一样的，导游除了要对某个景点进行介绍外，还要解说和这个景点相关的各种文化知识。通常可以这么解说：

There are differences between a normal person and a tour guide when it comes to introducing a tourist spot. The cultural knowledge of the spot is also required for a tour guide. The general steps for an appropriate introduction are as below:

第一步：大致介绍景点。不需要详细说明景色，因为游客已经到达景点了。

Step 1: Introduce general information: you don't have to introduce the place in detail, because the tourists are already there.

第二步：介绍和景点相关的知识、传说、历史故事，以及受欢迎程度和名人来访情况等。

Step 2: Introduce the relevant knowledge, legend, and story, as well as the popularity and celebrity visitors.

第三步：借助举例子、列数字等方法让自己的解说更有说服力。

Step 3: Elaborate with examples and statistics to make the explanation more convincing.

Lesson 7: Famous places 风景名胜

技能训练 Skill Tasks

阅读训练 Reading Tasks

文章 1 建筑与水

仔细阅读下面的短文，然后回答问题。
Read the passage carefully and answer the following questions.

水是没有形状的，也没有色彩，但是水的世界又具有无限的色彩。

水不但能激发人们的想象力，还能让建筑展现出动态美。熟悉中国传统"风水"的人，更能理解在设计建筑时为什么要引入水的理念。

水是新加坡建筑的主要元素之一。建筑师利用不同形态的水，使建筑更富于美感。

新加坡作为一个花园城市国家，对城市进行了全面的绿化。滨海湾花园就是其中一个项目，它拥有来自世界各地不同种类的植物和一条高达三十五米的人工瀑布，成功地吸引了成千上万的游客前来参观。

在花园里散步，一边呼吸新鲜的空气，一边听水流动的声音，真的让人心情愉快。游客除了可以接触瀑布外，还可以欣赏花园里各式各样的美景。将水融入到建筑里，体现了建筑与水的完美结合，也展现了人和自然友好相处的关系。

此外，人们在利用水灌溉植物的同时，也可以用水来区分建筑的内部与外部。例如，新加坡机场就成功地将流水引入建筑，建成了世界第一高的室内瀑布。人造瀑布虽然没有自然瀑布的雄伟和奔放，却为游客创造了平静、放松的休闲空间。

除了瀑布，机场内还有许多以水为主题的小花园。到处是被水包围的植物和鲜花，没有人觉得这是在机场里。这样的设计，不仅让人们欣赏到了美丽的水景，还起到了自然降温的作用，为机场保持舒适的温度。

建筑与水的完美结合，不仅呈现出流动的美，也给来自世界各地的游客带来了不同的体验。水作为一个流动的元素，给新加坡这个花园城市国家注入了新的活力。

根据以上短文，选择四个正确的答案，在方格里打勾（✓）。
Choose four correct answers by ticking (✓) in the boxes.

① A. 只有懂得中国风水的人，才懂为什么将水和建筑结合在一起设计。 ☐
B. 水可以让建筑变得更有美感。 ☐
C. 新加坡只有一个滨海湾花园。 ☐
D. 滨海湾花园的瀑布比三十五米还高。 ☐
E. 新加坡机场瀑布是世界上最高的室内瀑布。 ☐
F. 人造瀑布比自然瀑布更宏伟、壮观。 ☐
G. 水既可以绿化机场，也可以让机场保持凉爽的温度。 ☐
H. 新加坡的机场到处是植物和水景。 ☐

根据短文填空。
Fill in the blanks based on the short passage.

例：水是没有 形状 和 色彩 的。
（有　色彩　没有　形状）

② 人们_____可以_____瀑布，而且可以_____美景。
（除了　接触　不但　欣赏）

③ 水_____植物_____鲜花_____了。
（被　把　和　包围）

④ 水可以_____ _____机场的_____。
（帮助　温度　舒适　降低）

⑤ 世界各地的游客_____了建筑与水的_____ _____。
（结合　受到　体验　完美）

Tips

如何对文章进行细读？ How to peruse a passage?

细读是一个字一个字、一行一行地阅读，要求读懂文章的每一个细节。读者可以回头重读，也可以边查看生词边理解句子。

Peruse is to read line-by-line and word-by-word, and understand every detail in the passage. Readers are allowed to read multiple times or read with dictionaries.

一边读一边听的跟读方式，也是细读的一种。汉语的文章呈现的是一个个字，词与词之间没有间隔，阅读的时候不容易分出来，而通过听可以听出语言的节奏和意群，这对进一步理解文章，培养语感大有好处。另外，当视觉渠道的信息通过听觉渠道再一次重现时，印象会更深，无论词汇还是语法都更容易记住。

Reading while listening is also one of the ways of peruse. The fundamental medium of Chinese passage are characters, and there is no gap between words. Therefore, it is illegible. However, through listening, you can hear the rhythm and sense group of the language, which is helpful to comprehend the passage and also cultivate your sense of language. On the other hand, the reproduction of visual information is beneficial to bear the image, lexicon, and grammar in mind.

文章 2 香港的风景名胜

香港是非常受欢迎的国际旅游城市，它拥有很多备受游客喜爱的美食、购物中心和风景名胜。那么您不能错过的风景名胜有哪些呢？

1. 维多利亚港

维多利亚港的夜景是世界上三大最美夜景之一，建议晚上去那里。每天晚上八点会有一场大型灯会，在重要的节日会有一场华丽的烟火表演。

2. 太平山

如果不去太平山走一走，你会后悔的。站在山顶往下看，你可以看到整个香港的风景。尤其是红色缆车，值得去体验体验。如果你是晚上去那里，一定要注意天气和安全！

3. 金紫荆广场

金紫荆广场是香港的标志性景点，没有理由不去看一看。它具有重要的纪念意义，主要是为了纪念香港回归中国而建造的。这里周围的环境很好，是观赏景色的好地方。

4. 浅水湾

浅水湾被认为是世界上最好的海湾，是香港典型的海滩。它被山和水包围着。水清清的，沙细细的，走在沙滩上让人感觉很舒服。此外，这里的水，冬天暖暖的，夏天凉凉的，是游客必去的景点之一。

5. 旺角

旺角是香港最受游客喜欢的地方，你一定要来这里品尝一下各种各样的美食。许多商店二十四小时营业，所以你玩到很晚也没问题。

6. 兰桂坊

喜欢酒吧的朋友，都会选择到兰桂坊。这里的酒吧很出名，也很有特色，它们大多会从中午营业到凌晨一点。一到晚上，许多年轻人就会到这里的舞厅跳舞，为小街增添了另一种独特的气氛。至今，兰桂坊已由一条小巷发展成一个具有西方文化特色的地区。

根据文章 2，选出最适合左边地点的描述。把答案写在横线上。
According to passage 2, choose the corresponding description of the places on the left side.

关于香港的风景名胜

① 维多利亚港 _____
② 太平山 _____
③ 金紫荆广场 _____
④ 浅水湾 _____
⑤ 旺角 _____
⑥ 兰桂坊 _____

A. 那里的海水冬暖夏凉
B. 是具有纪念意义的地方
C. 具有西方文化特色
D. 若晚上去要注意天气
E. 常年水温都是暖暖的
F. 酒吧二十四小时营业
G. 可以试坐红色巴士
H. 在重要节日会有烟火表演
I. 那里可以品尝到不同的美食

根据文章 2，填写下面的表格。 Complete the boxes according to passage 2.

在句子里	这个字 / 词	指的是
⑦ 香港是非常受欢迎的国际旅游城市，<u>它</u>拥有很多备受游客……	"它"	
⑧ 如果你是晚上去<u>那里</u>……	"那里"	
⑨ <u>它们</u>大多会从中午营业到凌晨一点……	"它们"	

选出正确的答案。 Choose the correct answer.

⑩ 这是_____。
　　A. 一篇日记　B. 一张宣传单　C. 一封书信　D. 一篇访谈稿

听力训练 Listening Tasks

一、《长城守护人》 🎧 27

你将听到一段对长城守护人林景飞的采访。请听下面的采访，你将听到两遍，在唯一正确的方格内打勾（✓）回答问题。

You will hear an interview of the guardian of the Great Wall of China, Lin Jingfei. The clip will be played twice. You should answer the questions by ticking（✓）the correct box.

请先阅读一下问题。Please read the questions first.

① 林景飞守护长城多长时间了？
　　A. 十九年　　　　☐
　　B. 七十八年　　　☐
　　C. 四十四年　　　☐

② 林景飞上大学时最后选择了什么专业？
　　A. 考古　　　　　☐
　　B. 医学　　　　　☐
　　C. 历史　　　　　☐

③ 长城的总长度有多少公里？
　　A. 少于 2100 公里　　☐
　　B. 超过 12000 多公里　☐
　　C. 21000 多公里　　　☐

④ 林景飞认为关注长城保护_____。
   A. 才会珍爱和平 ☐
   B. 有助于了解传统文化 ☐
   C. 才会明白长城是建筑奇迹 ☐

⑤ 林景飞只要_____就觉得心里踏实。
   A. 看到城墙 ☐
   B. 和长城说话 ☐
   C. 摸一摸长城的砖 ☐

⑥ 林景飞觉得守护长城最大的收获是_____。
   A. 能自我解放 ☐
   B. 被长城精神所感动 ☐
   C. 自己变得更坚强了 ☐

⑦ 让林景飞最心痛的事是什么？
   A. 游客在石头上刻字 ☐
   B. 游客乱扔垃圾 ☐
   C. 长城上的石头靠人搬上山顶 ☐

⑧ 林景飞最期待什么？
   A. 儿子和孙子能继续守护长城 ☐
   B. 旅游开发，让老百姓过上好日子 ☐
   C. 长城能变成国家的骄傲 ☐

二、《风景名胜现状》 🎧28

你即将听到第二个听力片段，在听力片段二播放之前，你将有四分钟的时间先阅读题目。听力片段将播放两次，听力片段结束后，你将有两分钟的时间来检查你的答案。请用中文回答问题。

You will heat the second audio clip. You have 4 minutes to read the questions before it starts. The clip will be played twice, after it ends, 2 minutes will be given to check the answers. Please answer the questions in Chinese.

根据第二个听力片段的内容，回答问题①-⑩。

According to the second audio clip, answer the questions ①-⑩.

🏷️ Tips

如何轻松听出数字？
How to recognize numbers in an audio?

我们每天生活在数字的世界里，如人口数量、价格、速度、时刻、日期、温度、电话号码、比例等。数字与计算在听力中占一定的比重，平时就要保持对中文数字的敏感度。要听懂"个十百千万亿"的表达，最基本的是零的算法：

We are living in a world of numbers and everything is with numbers: population and price, speed, time, date, temperature, phone number and scale. Numbers and calculating also play an important role in listening, so sensitivity on Chinese numbers is essential in listening. To understand "个十百千万亿", the fundamental knowledge that you have to learn is the counting of "零 (zero)".

十：一个零 (0)
一百：两个零 (00)
一千：三个零 (000)
一万：四个零 (0000)
一百万：一百 + 四个零 (1,000,000)

十 (Shí): one "零" (0)
一百 (Yìbǎi): two "零" (00)
一千 (Yìqiān): three "零" (000)
一万 (Yíwàn): four "零" (0000)
一百万 (Yìbǎi wàn): one hundred + four "零" (1,000,000)

例如第3题，一听到两万，就在2后面先数出四个零，再加上一千（三个零），正确答案就是21000。

Let take the question 3 for example, when you hear the word "两万", you should count four "零" after 2, then you plus 一千 (three "零"), you will get the correct answer: 21000.

填空题，每个空格最多填三个词语。 Fill in the blanks, three words for each blank at maximum.

观众朋友们好，欢迎收看每周六的《我来说一句》，今天我们要【-1-】的是风景名胜。每年五一劳动节和国庆节，老百姓都会到风景名胜去【-2-】。据统计，全国各地的景区在这两个节假日就迎来【-3-】。看到【-4-】的增加，人们更是【-5-】对风景名胜的开发，这对风景名胜到底是利是弊呢？我们来采访一些游客。

① [-1-]_____
② [-2-]_____
③ [-3-]_____
④ [-4-]_____
⑤ [-5-]_____

请在正确的选项里打勾（✓）。 Tick (✓) in the correct choices.

这是谁的观点？	游客1	游客2	游客3	游客4
⑥ 开发风景名胜可以带来生机和活力。	___	___	___	___
⑦ 要阻止在景区建酒店。	___	___	___	___
⑧ 人造景点破坏了美感，造成污染。	___	___	___	___
⑨ 游客的不文明行为会破坏植物的生长环境。	___	___	___	___

回答下面的问题。 Answer the following questions.

⑩ 写出游客对保护风景名胜的建议，至少两点。

　　a. _____
　　b. _____

✎ 写作训练：论坛 Writing Tasks: Forum

热身

● 根据课文一，讨论在线论坛的格式是什么。According to text 1, discuss the format of online forums.

格式 参考课文一

XXX 论坛

主题：XXXXXX

日期：X 年 X 月 X 日 X：X

开头：发帖的目的

正文：展开主题 + 感受和看法

结尾：期待或引起讨论

阅读（X）　　评论（X）　　转载（X）　　收藏（X）

> **Tips**
>
> 文体：论坛
> Text type: Forum
>
> 在一个社交媒体上，网民可以在论坛里就某一个主题展开议论、发表看法。
> On social media, Internet users can give their opinions on a topic.

练习一

四川野生动物园决定在园内建造一个酒店，方便游客在景区里近距离观看熊猫的生活情况，请在线上论坛上发表你对这个决定的看法。

以下是一些别人的观点，你可以参考，也可以提出自己的意见。但必须明确表示倾向。字数：250-300 个汉字。

> 观看熊猫成长有助于从小培养小朋友对熊猫的热爱，也有助于培养亲子关系。

> 这种做法会破坏野生动物生活环境。

Lesson 7：Famous places 风景名胜 177

> 练习二

假期期间,老师带大家去参观了中国的一个风景名胜。在这七天的旅行中,你看到很多不文明的行为,请在线上论坛上发表你对这些不文明行为的看法,并对如何保护风景名胜发表你的看法。字数:300-480个汉字。

🏷 Tips

前后照应法 Coherence

照应是指文章前后内容之间的关系和呼应,也就是说,前边提到的事情或人物,后边也要有所交代,后面要写的问题,前面应有所提及,这样才能保证文章内容前后紧密连接,文章结构层次分明。这种写作手法也叫首尾呼应。

The writing method "coherence" means there are connections between the beginning and the end of an article. In other words, the subjects or questions mentioned in the previous paragraph need to clarify at the end. In this way, the content can be cohered together in a structure.

例如课文一前面提到问题"故宫是如何变得越来越红的?",中间的段落就从"形象改变、设计年轻人喜欢的产品、社交媒体"等三个方面围绕"为什么"解释说明,然后在最后一段总结回答"之所以这么受欢迎,主要是……"。

For instance, the question "How the Forbidden City gets more popular?" in text 1 has the answer "image changing, design young-oriented products and social media", which is in the middle paragraphs. At last, the text sums up with the answer of the question "it is popular mainly because of…".

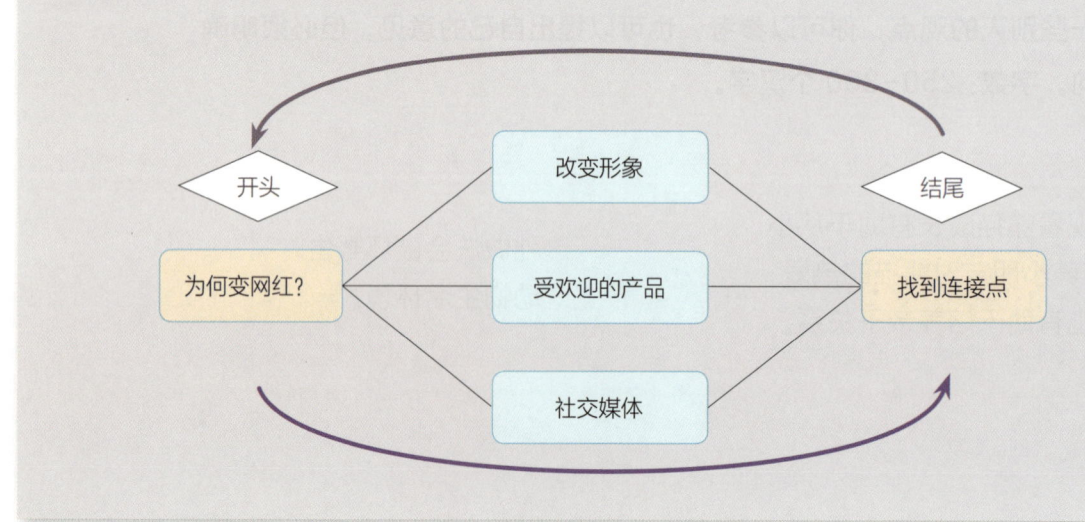

178 ● The world around us 同一个世界

Lesson 8 Travel
旅 行

导入 Introduction

现代人生活节奏快，整天忙着工作和学习，很少有时间放松自己疲惫的身心。旅行就是一个让我们可以放松的好机会。旅行可以增长见识，放松心情，陶冶情操。选择到风景美丽的地方旅行，不但可以开阔眼界，而且可以体验不一样的生活和风俗习惯。

We are living in a fast-paced world. Being oppressed by work and study, there is seldom a chance to relax. Therefore, traveling is an opportunity for us to take a rest. On top of that, it also expands our knowledge, refreshes our mind, and moulds our temperament. Traveling to a beautiful place can not only broaden our horizons, but also bring us into unique lifestyles and traditions.

学习目标 Learning Targets

阅读 Reading

- 掌握通读法。
  Master the reading method "read through".

口语 Speaking

- 学会介绍旅行经历。
  Learn to introduce a travel experience.

- 学会说明景物的基本特点。
  Learn to describe the characteristics of a scenery.

听力 Listening

- 学会抓住关键词，听懂隐含意思。
  Learn to identify the keyword and catch the implied meaning.

写作 Writing

- 掌握"总分总"的写作方法。
  Learn the writing structure "introduction-elaboration-conclusion".

生词短语

shè jì
设计 design

zì yóu zì zài
自由自在 free

shǒu dū
首都 capital city

guān guāng
观光 sightseeing

tái jiē
台阶 stair

sú huà shuō
俗话说 as the saying goes

zhuàng guān
壮观 spectacular

tè chǎn
特产 specialty

zá jì
杂技 acrobatics

yì shù
艺术 art

tǐ cāo
体操 gymnastics

tiào shuǐ
跳水 diving

huá lì
华丽 gorgeous

jīng tàn
惊叹 astonishing

jīng cǎi
精彩 amazing

dà kāi yǎn jiè
大开眼界 eye-opener

shōu huò
收获 gain

liú yán
留言 comment

1 课文　北京自助游 🎧29

自助游博客

http://www.zizhuyou.blog.com

2021年6月6日　　星期日　　17:48

北京自助游

　　自助游是指一种自己设计和安排行程的旅行方式，自由自在，也充满挑战。

　　北京是中国的首都，距今已经有三千多年的历史。北京位于中国的北方，是全国的文化、交通和旅游中心，总面积有一万六千四百平方公里。无论什么时候去观光旅游，北京都很迷人，因此，我决定要去北京看看。

　　第一天，爬长城，感受长城的雄伟壮观。俗话说，"不到长城非好汉。"长城的台阶很高，越往上爬，人越累。不过，我还是咬着牙坚持爬到了最顶端。从最顶端往下看，感觉长城就像一条巨龙，特别壮观。

　　第二天，逛胡同，感受当地的居民生活，体会在老北京生活的乐趣。街道两旁很有特色，不管是北京特产、礼品

The world around us 同一个世界

店，还是老北京建筑，都很适合拍照留念。我还试着说中文，成功地买到了自己喜欢的东西，真是太高兴了！这让我以后讲中文更有自信了。

　　第三天，看杂技，了解北京的文化艺术。为什么呢？大家都说，到北京一定要做的三件事是爬长城、逛胡同、看杂技。杂技艺术在中国已经有两千多年的历史了。你会发现，现代体育项目中，如体操、跳水，很多动作都与杂技十分相似。比起传统杂技，现代杂技在科技的帮助下更华丽，更让人惊叹，真正体现了"台上一分钟，台下十年功"的精彩。

　　总的来说，这次自助游不但让我大开眼界，还让我认识了很多朋友。由于没有父母的陪伴，很多事必须要我自己处理。所以，我也学会了独立。除此之外，我还学会了用心去体会周围的一切，遇见不同的人，感受不同的文化，我认为这是最宝贵的收获。

　　大家对此有什么不同的看法吗？请给我留言。

阅读（79）评论（20）转载（5）收藏（15）

Culture Point

胡同 Hutong (Narrow Street)

胡同是北京的地方特色。以前居民居住在胡同中，其中也有不少名人居住过。现在，胡同是了解北京传统文化和风土人情的最好去处。人们可以来这里体验北京的慢生活，也可以来访问名人故居。游胡同最好的方式有两种，一种是人力车，一种是自行车。人力车作为过去汽车尚不发达时期的主要交通工具，发展到现在已经变成一种生活体验。骑自行车逛胡同也别有一番风味，随走随停，随行随看。

Hutongs are one of the tourist attractions in Beijing. In the past, residents lived in hutongs, and many celebrities were also there. Now, hutongs are the best place to visit for you if you want to know the traditions and cultures of Beijing. Visitors come here to experience slow-paced life, and the former residences of famous historical figures. Usually, you can travel these alleys in two ways: pulled rickshaw and bicycle. Pulled rickshaws are the ancient transportation back in the days when vehicles aren't the mainstream, but now rickshaws have become into a kind of traveling experience. Riding bicycles is also a pleasant way to visit hutongs. Roam until you halt, watch as you walk.

🔍 语法重点 Key Points of Grammar

方位名词 Words of location

方位词是名词的一种，就是表示方向和位置的词。常用的方位词有：

Word of location is a type of noun, which used to indicate direction and position. The major words of location are:

① 上、下、左、右、前、后、中、东、西、南、北、里、外、内、旁

up, down, left, right, front, back, middle, east, west, south, north, inside, outside, interior, side

② 上面、下面、左面、右面、前面、后面、当中、里边、外边、底下、东北、西北、东南、西南

up, down, left side, right side, front, back, amidst, inside, outside, beneath, northeast, northwest, southeast, southwest

在汉语中，方位顺序的表达一般是：从上到下，从左到右，从内到外，从前到后，从远到近，从中间到四周。

The typical expression orders of direction are: from left to right, from inside to outside, from front to back, from far to near, from middle to the four corners.

🔍 课文理解 Reading Comprehensions

① 自助游的特点是什么？

② 为什么我决定在北京自助游？

③ 我为什么要坚持爬到长城顶端？

④ 北京胡同有哪些特色？

⑤ 我最宝贵的收获是什么？

概念与拓展理解 Concepts and Further Understanding

① 课文一的文体是什么？ What is the text type of text 1?

② 课文一的写作目的是什么？ What is the writing purpose of text 1?

③ 作者是如何达到他的写作目的的?
How does the author achieve the writing purpose?

④ 课文一是用第几人称写的？可以用其他人称吗？
Which type of narrator does text 1 apply? Is it possible to change?

⑤ 课文一为什么请读者留言？
Why does the readers are welcomed to leave comments?

语言练习 Language Exercises

把有错别字的词语圈出来，并将正确的词语填写在括号内。
Circle the wrongly written characters and write the correct words in the brackets.

① 艺木　华丽　跳水　　（　　　　）
② 观光　壮观　台介　　（　　　　）
③ 杂枝　体操　首都　　（　　　　）
④ 建筑　精采　留言　　（　　　　）
⑤ 体澡　眼界　俗话说　（　　　　）
⑥ 留念　相似　侍产　　（　　　　）
⑦ 惊叹　收获　眺水　　（　　　　）

Lesson 8：Travel 旅行　183

选出能替换句子中画线部分的词语，然后重写句子。
Rewrite the underlined part with the words provided.

> 自由自在　首都　观光　俗话说　旅游　惊叹　华丽　大开眼界　收获　留言

⑧ 请把在学校<u>学到</u>的知识好好总结一下。

⑨ 他竟然考上了北京大学，每个人对他的进步都感到<u>吃惊</u>。

⑩ 妈妈在微信上给我<u>留下一段话</u>，让我好好照顾好自己的身体。

⑪ 这次到厦门旅行，真是让我<u>开阔了视野，增长了见识</u>。

⑫ 这件礼服真是<u>漂亮，穿上显得很有光彩</u>。

⑬ 每个假期，她都要和家人到外地<u>走走看看、娱乐身心</u>。

⑭ 我还是不要回原来的公司，<u>古人说得有道理</u>，好马不吃回头草。

⑮ 今年我们打算到西藏<u>欣赏大自然风光</u>。

⑯ 还是回家好，<u>没有什么约束</u>，住别人家太麻烦了。

⑰ 北京是中国的<u>最高政权机关所在地</u>，是全国的政治中心。

请在左边的方框画出你房间的布局和物品摆设，在右边的方框用方位词描述你的房间。

Please use the boxes on the left side to draw your room layouts, then describe your room with the words of direction in the boxes on the right side.

⑱

你的房间	用方位词描述你的房间
	例：书包在椅子上面。

课堂活动 Class Activities

传话游戏 Telephone Game

学生分为四组，每组站成一排。每组的第一个学生将拿到一张北京景点照片，用 2 分钟的时间，仔细观察照片，思考如何描述，要求至少说 5 句话。每组的第一个学生交回照片，向第二个学生描述照片。第二个学生仔细听，向第三个学生描述。以此类推。每组最后一个学生上台向全班同学描述自己组的照片。描述最准确的组获胜。

Split up student in four groups, and each group stands in a row. The first student in each group will get a picture of Beijing. The student will examine it carefully within two minutes, then describe it at least with five sentences. After the first student hands over the picture, describe it to the second student, then the listener describes it to the third and so on. The last student in each group will present on the stage, the group with the most accurate descriptions wins.

口语训练 Speaking Tasks

第一部分 根据主题"旅行",做 2-3 分钟的口头表达。做口头表达之前,先根据提示写大纲。

Make a 2-3 minutes oral presentation on the theme "traveling". Before you start, use the form below to make an outline.

大纲 Outline	内容 Content
观点 Perspectives	
事例 Examples	
名人名言 Famous quotes / 熟语 Idioms	
经历 Experiences	
总结 Summary	

第二部分 回答下面的问题。Answer the following questions.

① 你去过中国旅行吗?
② 谈谈你去中国或其他地方的旅行经历。
③ 你会和你的父母一起出国旅行吗?为什么?
④ 你觉得旅行重要吗?
⑤ 旅行可能产生什么不好的影响?

Tips

如何介绍旅行经历?
How to describe your travel experiences?

我们可以根据一定的线索来介绍旅行经历,这样会让口头表达更有条理性,考官也更容易听出考生想要表达的内容。通常,我们可以根据线索组织内容,也可以把这些线索作为语言提示,以便在最短的时间内,在头脑中建构自己想要传递的信息。例如,课文一就是以时间先后顺序为线索,介绍北京自助游经历。

To describe an experience, we can try to clarify our expression with certain clues, so that the examiner can understand your content easier. Usually, we can build up our expression through clues, or using these clues as the hints of language, so that the information can be assembled in your mind as soon as possible. For example, text 1 use the time sequence as the thread to introduce the self-guided trip experience in Beijing.

2 课文　台湾生态旅游

亲爱的小美：

你好！高中毕业后好久不见！收到你的来信，得知你要来台湾观光，我很高兴。

台湾是一个宝岛，有很多好玩的地方。这里的建筑、风俗文化别具特色，而且动植物品种繁多，非常值得来一趟。旅游分两种，一种是走马观花，一种是深度体验。你让我建议的话，我会建议你选深度体验，比如参加生态旅游。生态旅游是观赏动植物生长状态的一种旅游方式，让游客体验独特的自然与文化。

来到台湾，你会发现这里的人们提倡慢生活，大家在周末都会选择回归自然。这里正在推广"生态文化"，鼓励大家去乡村爬一回高山，摘一次水果或者野餐一次，亲近大自然。

自然生态旅游在台湾很受大家欢迎，人们看山、看水、看生物，这不仅可以放松身心，而且可以了解保护生态的重要性。我自己就去了三回。所以，我建议你参加台北生态旅游。他们的生态旅游活动很丰富，也很有特色。比如他们每天会举办植物音乐会、生态拼拼乐、戏剧表演、讲故事、说相声等活动。这些都让大朋友和小朋友很惊讶，生态旅游原来可以这么有趣。

生词短语

fēng sú
风俗 tradition

pǐn zhǒng
品种 variety

fán duō
繁多 various

zǒu mǎ guān huā
走马观花 give a hurried and cursory glance

shēng tài
生态 ecology

guān shǎng
观赏 watch

zhuàng tài
状态 status

tí chàng
提倡 advocate

gǔ lì
鼓励 encourage

xiāng cūn
乡村 country

xì jù
戏剧 drama

xiàng sheng
相声 crosstalk

shēng wù
生物 creature

huán bǎo
环保 environmental protection

chōng zú
充足 plenty of

xué yè
学业 study

人们通过旅行可以了解生物在自然环境下的生存和发展状态，从而明白人类保护生态环境的重要性。我要提醒你一下，为了环保，景区通常不售卖瓶装水，你要自己准备充足的水。另外，由于生态旅行需要长时间步行，所以你最好穿运动鞋。希望生态旅游可以帮助你更好地了解台湾。

好了，以上就是我的建议。如果还有其他什么需要，你再给我写信吧。

祝

学业进步！

沈康中

2021年5月1日

语法重点 Key Points of Grammar

动量词 Verbal classifier

表示动作次数时需要使用量词，不同的动作搭配的量词有所不同。
Verbal classifier is the classifier used for the times of action, we apply different classifiers in different types of action.

> E.g.
> - 次、回、遍、趟、顿、阵、场、下
>   常用搭配如下：去一趟、去几回、吃一顿、摘一次、爬一下、看一遍
>   The common matches are: go for once, go for several times, eat a meal, pick once, climb once, read once.

课文理解 Reading Comprehensions

① 小美和沈康中是什么关系？从哪里可以看出来？

② 为什么台湾值得小美去看一看？

③ 什么叫生态旅游？

④ 为什么自然生态旅游在台湾很受欢迎？

⑤ 参加生态旅游要注意什么？

概念与拓展理解 Concepts and Further Understanding

① 课文二是什么文体？
What is the text type of text 2?

② 课文二的写作对象是谁？
Who is the target audience of text 2?

③ 生态旅游中举办的活动如戏剧表演、音乐会等，真的能让人们认识到保护环境的重要性吗？
Will the activities like theatre performances and concerts make people realize the importance of environmental protection?

④ 如果让你来组织生态旅游，你会如何组织活动？
What activities can you arrange if you are an organizer of the ecotourism?

⑤ 你会因为沈康中的建议去台湾参加生态旅游活动吗？
Will you take the advice of Shen Kangzhong and participate in the ecotourism activities of Taiwan?

语言练习 Language Exercises

选择适当的词语，填写在横线上。 Choose the appropriate words and put them on the lines.

① 端午节吃粽子、赛龙舟的_____（风情、风气、风俗、风光）很早就有了。

② 现在中秋节的花灯用灯泡取代了蜡烛，这样更加安全，更加_____（环境、环保、光环、花环）。

③ 大部分的工人都得了流感，工厂已陷入停工_____（形状、状态、症状、告状）。

④ 由于人类对动物的大量捕杀和_____（生活、生态、状态、形态）环境的恶化，很多生物都快消失了。

⑤ 现在中文越来越重要了，我们应该_____（提醒、提前、提问、提倡）说中文。

⑥ 黄果树瀑布风景优美，吸引了很多人前来_____（观众、观察、观测、观赏）。

选择正确的词语填空。 Fill in the blanks with the right words.

> 生物　　充足　　乡村　　戏剧　　相声　　学业

⑦ 植物生长需要_____的阳光、水分和空气。

⑧ 经过老师的再三劝说，我决定先完成_____再去找工作。

⑨ 那段_____真是太有趣了，听得我忍不住哈哈大笑。

⑩ _____通常能反映出一个时代的社会生活与思想。

⑪ 住在城里的人总是想去_____体验生活，放松心情。

⑫ 海底世界的_____多种多样，吸引很多人去观赏。

填入正确的动量词。 Fill in the blanks with the correct verbal classifiers.

⑬ 这件事他问过我一_____，我没告诉他。

⑭ 这是怎么一_____事？

⑮ 在本_____比赛中，多多取得了第一名的好成绩。

⑯ 这道题我已经做了好几_____，我不想再做了。

⑰ 小偷被抓住了，大家狠狠地教训了他一_____。

⑱ 凯红总是不来上学，老师去他家三_____了，家里都没人。

⑲ 听到小松中文满分的消息，我心里羡慕了一_____。

课堂活动 Class Activities

记忆大比拼 Memory Test

全班分成四个小组，在两分钟内记下和课文二相关的十个单词/句子，然后每个小组有一分钟时间写出记住的单词/句子。小组讨论后，整合出最完整的内容。写得最多的小组获胜。

The whole class splits up in four groups, and each group has two minutes to memorize 10 words/sentences in text 2 and write them down within a minute. After discussion, the group with the most complete content wins.

口语训练 Speaking Tasks

第一部分 根据图片，做 3-4 分钟的口头表达。做口头表达之前，先根据提示写大纲。

Make a 3-4 minutes oral presentation based on the picture. Before you start, use the form below to make an outline.

大纲 Outline	内容 Content
图片内容 Information of the picture	
图片主题 Theme of the picture	
提出观点 Make your points	
延伸个人经历 Relate to personal experiences	
名人名言 Famous quotes / 熟语 Idioms	
总结 Summary	

第二部分 回答下面的问题。Answer the following questions.

① 有人认为生态旅游更适合老年人，你怎么看？
② 你是否参加过生态旅游？请介绍一下你的经历。
③ 去迪斯尼乐园玩和去果园摘水果，你更喜欢哪一种？
④ 除了图片介绍的生态旅游，你还了解哪些生态旅游方式？
⑤ 你会如何鼓励大家多参加生态旅游？

> **Tips**
>
> **如何具体说明景物的基本特点？** How to describe the characteristics of a view?
>
> 在讲旅游时，有时候会提到具体的景物、事物。在描述具体景物、事物时可以从形状、声音、颜色、气味等方面进行。
> When you are talking about traveling, specific views and objects are required. You can introduce them from shape, sound, color, and smell.
>
> 例如，在描写摘草莓的经历时，可以具体说明草莓的特点，包括形状、颜色，以及味道如何。这样会让你的口头表达更加真实感人。
> For example, you need to depict your experiences of picking strawberries: you can specifically illustrate the shape, color, and flavor of the strawberries. Your oral expression can be more persuasive in this way.

技能训练 Skill Tasks

阅读训练 Reading Tasks

文章 1 休闲旅游吧

仔细阅读下面的短文，然后回答问题。
Read the passage carefully and answer the following questions.

休闲旅游就是在旅游的同时，让身心都得到放松。整天忙着工作和学习的你，是否应该放下一切，离开城市，到大自然去旅行呢？请大家在休闲旅游吧里，和我们一起分享你的经历吧。

A. 厦门是很多游客喜欢去的地方。你可以去厦门骑自行车，欣赏海景；到中国最美的大学之一——厦门大学拍照，体会校园的安静；去中山路一条街走走，感受文艺青年的生活；到鼓浪屿体验休闲时光，放慢生活脚步，给自己一个美好的假期。

B. 三亚在中国的南方，是中国空气最清新的城市之一。这里有美丽的风景、又细又白的沙子，还有一眼看不到边的蓝色大海。到了冬天，大家都会选择来这里旅游。因为这里的天气很好，适合家庭来游玩。人们可以在沙滩上散步，在海边玩水，在树林里面呼吸新鲜的空气，观赏自然美景。如果到这里旅游，我建议大家不要选择节假日，因为这时候不但人特别多，酒店还很贵。

C. 如果你平时工作很努力，到了周末就应该放松放松，到外面走一走，看一看。比如，找个有山有水的地方，散散心，划划船。我认为最能让人放松的地方是苏州的古镇。那里不但有丰富的美食，还有传统的建筑，让你不虚此行。

D. 如果你不喜欢城市紧张的生活，可以选择去大自然放松一下。我特别建议大家去贵州观看黄果树瀑布，亲自感受大自然的壮观，以及瀑布带给人的震撼。远远地，你就可以听到很大的流水声。最让人高兴的是游客竟然可以进入瀑布，用手去触摸流水，感受大自然的神奇和伟大。

根据以上短文，选择正确的答案。在方格里打勾（✓）。
Tick (✓) the correct boxes according to the passage above.

① 哪个地方有传统的建筑？
　A. ☐　　B. ☐　　C. ☐　　D. ☐

Tips

通读法 Read Through

通读法是指对文章进行从头到尾连贯阅读的方法。通读一般要求先看文章标题，然后通读全文，抓住每段的主要段落大意。阅读完整篇文章后，将每个段落大意连接起来，就是这篇文章的主题。

Read through indicates the reading method that reads the whole text from the beginning to the end. On the whole, this method requires you to understand the title, and then the whole text. After you finish it, try to connect the ideas of each paragraph, and you will have the theme of this passage.

一、看文章标题。标题是一篇文章的灵魂，一般我们看到标题，就能明白这篇文章写的是什么，也能对文章的大意有一个基本的了解。

Read the title. A title is the soul of a passage. Generally speaking, when we see a title, we can get the whole picture of this passage, or at least a glance at the ideas of it.

二、通读全文。看完题目，接下来就是要通读一遍。读的过程中，一定要注意文章的第一段，因为这可能是这篇短文的重要内容的总结。还要注意每段的第一句话，一般也是每段的总结。这样一遍读下来，每段的段意和短文的大意基本上就应该明白了。

Read through the text. After reading the title, you should read the text thoroughly. In the process, you have to pay extra attention to the first paragraph, since it may have the conclusion of the crucial content of the text. Moreover, we need to focus on the first sentence in each paragraph, because they have the great chances to be topic sentences. If you read it in this way, there is a considerable possibility that you have understood the theme and the ideas of each paragraph.

② 哪个地方可以边骑车边看海景？
A. ☐　B. ☐　C. ☐　D. ☐

③ 哪个地方可以呼吸最清新的空气？
A. ☐　B. ☐　C. ☐　D. ☐

④ 哪个地方可以让人感到很震撼？
A. ☐　B. ☐　C. ☐　D. ☐

⑤ 哪个地方可以体验文艺生活？
A. ☐　B. ☐　C. ☐　D. ☐

⑥ 哪个地方可以感受大自然的神奇？
A. ☐　B. ☐　C. ☐　D. ☐

⑦ 哪个地方可以享受美食？
A. ☐　B. ☐　C. ☐　D. ☐

⑧ 哪个地方有中国最美的大学？
A. ☐　B. ☐　C. ☐　D. ☐

⑨ 哪个地方节假日时酒店很贵？
A. ☐　B. ☐　C. ☐　D. ☐

⑩ 哪个地方冬天的气候很好？
A. ☐　B. ☐　C. ☐　D. ☐

文章 2　新加坡美食旅游

❶　美食旅游是在旅游过程中以品尝美味食品为主的旅游活动，这是最新流行的旅游方式。今天给大家介绍的是新加坡的美食旅游。新加坡的美食店和它的商场一样多，有当地特色的餐厅和小吃街随处可见。小吃街除了当地美食外，还有不同国家的小吃。到了这里，你就可以体会到真正的美

食旅游是怎样的。

② NO.1 辣椒螃蟹

和许多国家一样，新加坡的食物也以麻辣为主，所以喜欢吃辣的游客可以尝试一下。这里的螃蟹不仅个头大，而且非常新鲜。厨师在煮螃蟹的时候，会加入辣椒一起煮。这不仅让菜看起来很可口，也能让人尝出鲜美的味道。

③ NO.2 海南鸡饭

看名字，就知道这道菜是从中国的海南省传来的。海南鸡饭的主要材料是鸡肉和大米。厨师一般会选用最好的大米和新鲜的鸡肉一起煮。这样煮出来的米饭闻起来很香，看起来很好看，当然，尝起来也很可口。吃海南鸡饭的时候，记得要加一些配料，比如酱油和辣椒。这会让原本就很新鲜的肉更加美味。

④ NO.3 肉骨茶

很多游客以为肉骨茶是真的茶，【-10-】它是用排骨煮出来的汤。只不过厨师在汤里加了一些药材，【-11-】汤的颜色看起来很像茶。大家会以为汤里可能全是骨头，没有肉。其实，厨师在选材料的时候，都会选一些肉多的骨头。因为肉多的话，煮出来的汤口感很好。【-12-】汤里放了多种药材，所以这样的汤不仅对身体好，【-13-】还很美味。

⑤ NO.4 酿豆腐

酿豆腐本来是中国广州的一道普通菜，【-14-】被介绍到新加坡，受到当地人的喜爱。厨师一般会在豆腐里加入各种各样的肉。有的人也会在豆腐里加入其他材料，【-15-】辣椒或者鸡蛋等。但【-16-】怎么做，豆腐里放的食物都很新鲜。这样的做法，【-17-】让豆腐味道鲜美，而且还很嫩。

根据 ❶，填写下面的表格。According to ❶, complete the form below.

在句子里	这个字 / 词	指的是
① <u>这</u>是最新流行的旅游方式。……	"这"	
② 新加坡的美食店和<u>它</u>的商场一样多……	"它"	
③ 都可以找得到有<u>当地</u>特色的餐厅和小吃街……	"当地"	
④ 总之，到了<u>这里</u>，……	"这里"	

根据 ❷、❸，从文章中找出最合适的词语完成下面的句子。
According to ❷ and ❸, choose the most appropriate words in the passage for each sentence.

⑤ 新加坡的食物大部分都比较_____。
⑥ 新加坡的螃蟹不但新鲜，而且个头比较_____。
⑦ 如果在煮螃蟹的时候加上辣椒，那么螃蟹吃起来味道会很_____。
⑧ 海南鸡饭主要选用大米和鸡肉作为主要_____。
⑨ 吃海南鸡饭的时候，一定要有酱油和辣椒作为_____。

根据 ❹、❺，从下面提供的词汇中，选出合适的词填空。
According to ❹ and ❺, choose the words provided and fill in the blanks.

> 其实　不仅　所以　后来　不管　由于　而且　比如

⑩ [-10-]_____　⑪ [-11-]_____　⑫ [-12-]_____
⑬ [-13-]_____　⑭ [-14-]_____　⑮ [-15-]_____
⑯ [-16-]_____　⑰ [-17-]_____

听力训练 Listening Tasks

一、《文明旅游》 🎧31

你将听到一段对中国旅游局局长陈小皇的采访。
You will hear an interview with Chen Xiaohuang, the minister of the China National Tourism Board.
请听下面的采访，你将听到两遍，在唯一正确的方格内打勾（✓）回答问题。

Please listen to the interview. The clip will be played twice. Answer the questions with ticks (✓) afterwards.

请先阅读一下问题。Please read the questions first.

① 今年大概会有多少中国人出国旅行？
- A. 2 亿 ☐
- B. 4.2 亿 ☐
- C. 2.46 亿 ☐

② 为什么现在很多中国人喜欢出国旅游？
- A. 看看不一样的世界 ☐
- B. 留学 ☐
- C. 学习英文 ☐

③ 旅游时要买东西，尽量使用____。
- A. 人民币 ☐
- B. 现金 ☐
- C. 信用卡 ☐

④ 以下哪些文明行为没有提到？
- A. 不大声说话 ☐
- B. 不在景区吸烟 ☐
- C. 不乱扔垃圾 ☐

⑤ 旅游局为文明旅游做的宣传有____。
- A. 在电视播放广告 ☐
- B. 发宣传单给游客 ☐
- C. 到学校对学生进行文明教育 ☐

⑥ 文明教育宣传最明显的效果是____。
- A. 改变了孩子乱扔垃圾的习惯 ☐
- B. 父母比以前做得更好 ☐
- C. 孩子比以前拿更多的宣传单 ☐

⑦ 除了文明教育，旅游局还____。
- A. 提供网上投诉 ☐
- B. 注意改善旅游环境 ☐
- C. 专门训练文明导游 ☐

Tips

抓关键词，听懂隐含意思
Catch the keywords and understand the implied meaning

在听力材料中，有时候说话人并没有完全说出整个句子的意思。这时候，考生要懂得抓住关键词语，根据听力材料提供的情境，推断出对方所隐含的、没有直接表达出来的意思。只有这样，才能抓住重点，听懂对方真正要表达的内容。

In a listening material, there are occasions when the speaker doesn't speak out the whole meaning of a sentence. In this situation, the student should be able to catch the keyword and deduce the implied or indirect meaning based on the scenes in the material. Only in this way, can you know the main idea and the content which the speaker truly wants to express.

请根据听力一提供的情境，推断下面三个句子的隐含意思：

According to listening clip 1, please infer the implied meaning of the three sentences below.

句子	情境	分析	隐含意思
① 不会吧！	今年估计会有 2.46 亿人出国旅行	记者对陈小皇局长列出的中国人出国旅行人数表示惊讶。	为什么现在很多中国人喜欢出国旅游？
② 什么意思？	旅行不管是去看美景，还是去买东西……要做到文明旅游。	对上一句"文明教育"的不理解。	什么是文明教育？
③ 这样也可以？	每个导游在出国旅游之前，对游客进行文明教育。	对游客出国前要进行文明教育表示好奇。	这些宣传有用吗？

⑧ 改善旅游环境的措施不包括____。
- A. 提供吸烟室 ☐
- B. 限制旅游人数 ☐
- C. 提供导游服务 ☐

二、《旅行新方式》 🎧32

你即将听到第二个听力片段，在听力片段二播放之前，你将有四分钟的时间先阅读题目。听力片段将播放两次，听力片段结束后，你将有两分钟的时间来检查你的答案。请用中文回答问题。

You will hear the second audio clip. You have 4 minutes to read the questions before it starts. The clip will be played twice, after it ends, 2 minutes will be given to check the answers. Please answer the questions in Chinese.

根据第二个听力片段的内容，回答问题。
Answer the questions in accordance with the second audio clip.

请在正确的选项里打勾（✓）。 Please tick (✓) in the correct option.

以下描述属于哪种旅行方式？	慢游	自驾游	旅居
① 在一个地方居住很长时间。	___	___	___
② 深受自由行人群的喜爱。	___	___	___
③ 以徒步的方式进行旅游。	___	___	___
④ 想走就走，想停就停。	___	___	___
⑤ 适合中老年人。	___	___	___
⑥ 不适合身体不好的人。	___	___	___

选出五个正确的叙述。 Choose five correct descriptions.

⑦ _____ A. 旅居需要花半个月或一个月的时间。
　_____ B. 旅居是走马观花式的旅游。
　_____ C. 旅居就是走到哪里，住到哪里。
　_____ D. 慢游可以用心感受生活的美好。
　_____ E. 慢游要自己建生活场所。
　　　　 F. 自驾游就是自己驾车去旅行，晚上在车里住宿。
　　　　 G. 自驾游很安全，什么都不用担心。
　　　　 H. 自驾游不用担心在路上浪费时间。
　　　　 I. 慢游最幸福的事就是和好朋友住在一起生活，慢慢变老。

写作训练：博客 Writing Tasks: Blog

热身

● 根据课文一，讨论博客的格式是什么。
According to text 1, discuss the format of a blog.

● 比较博客与在线论坛的相同点和不同点。
Compare the similarities and differences between a blog and a forum.

	博客	在线论坛
相同点		
不同点		

> **Tips**
>
> 文体：博客
> Text type: Blog
>
> 博客又叫部落格、网路日志，是不定期公开张贴在网站上的文章，用来抒发情感或分享资讯。
>
> A blog, also known as a weblog or Internet journal, is an article irregularly publicly posted on a website to express emotion or to share information.

Lesson 8 : Travel 旅行　199

格式 参考课文一

博客名称
网址
X 年 X 月 X 日 星期 X XX：XX
标题

开头：写明为什么要写这篇博客

正文：博客的主要内容+"我"的感受和想法

结尾：鼓励读者留言

阅读（X）　　评论（X）　　转载（X）　　收藏（X）

练习一

假期你来到中国的一座城市旅游。请在博客上介绍你的旅游经历和感受。字数：100-120 个汉字。

博客须包括以下内容：
- 总体介绍这个城市
- 分别介绍你在不同景点的旅游经历
- 你的感受

练习二

中国新年到了,你们全家利用春节假期到中国的一个城市旅行。请在博客上发帖,介绍这次春节旅游的方式、经历和你的感受等等。字数:300-480个汉字。

> **Tips**

总分总的介绍方法 Introduction-Elaboration-Conclusion

"总分总"介绍法很重要，在写日记、游记、博客、社交发帖和介绍景点时都可以用到。
例如景点/游记的介绍可以这样写：

Introduction-Elaboration-Conclusion is an essential structure when it comes to writing diaries, travel notes, blogs, posts, and introductions of the view.

For instance, you can write an introduction to a place / travel note in the following ways:

① 总体介绍景点。
　　Introduce the place in general.

② 对景点不同地方加以详细说明。
　　Describe different spots of the place in detailed.

③ 总结自己的整体感受。
　　Summarize your own experience overall.

例如，课文一对景点的介绍就是用总分总的方法。

For example, the introduction to the tourist spot in text 1 has applied the "introduction-elaboration-conclusion" method.

总 Introduction	总体介绍：名称、地位、面积等 Introduce: name, status, acreage	北京是中国的首都，距今已经有三千多年的历史，是全国的文化、交通和旅游中心，总面积有一万六千四百平方公里。
分 Elaboration	分别介绍：景点的特别之处 Describe: distinctive features of different spots	第一天，爬长城，感受长城的雄伟壮观。第二天，逛胡同，感受当地的居民生活，体会在老北京生活的乐趣。第三天，看杂技，了解北京的文化艺术。
总 Conclusion	总体感受 Summarize	总的来说，这次的自助游不但让我大开眼界，还让我认识了很多朋友。

Lesson 9

Urban and rural life

城 乡 生 活

导入 Introduction

城市化进程的加快一方面给人们的生活带来了各种便利，学校、商店、交通工具等设施应有尽有。另一方面，城市化进程也给人口、居住空间、生态环境等带来了负面影响。乡村生活虽然不如城市生活方便，但乡村人口不多，空气新鲜，环境优美，生活费用低。随着经济的发展，城乡之间的差距在慢慢缩小，城市与乡村人们之间的鸿沟逐渐变小了。

The acceleration of urbanization grants us various benefits, including facilities like schools, shops, and transportations. Whereas, urbanization also brings negative effects on populations, living space, and ecological environment. Rural life is inferior to city life in case of conveniences, yet the population, air condition, environment, and living costs in villages are more agreeable. As the economy grows, the gap between rural people and urban people is narrowing.

学习目标 Learning Targets

阅读 Reading

- 学习提高阅读速度。
  Increase the reading speed.

口语 Speaking

- 学会让回答更具体。
  Learn to answer the questions specifically.
- 学会通过比较，说明事物的特点。
  Explain the features of objects by comparison.

听力 Listening

- 学会抓住文章关键词语，领悟情感。
  Learn to capture the keyword and emotion of a listening recording.

写作 Writing

- 学会写访谈稿。
  Learn to write an interview script.

Lesson 9 : Urban and rural life 城乡生活 203

生词短语

农村 nóng cūn countryside
邀请 yāo qǐng invite
发挥 fā huī exert
特长 tè cháng characteristic
事业 shì yè career
干净 gān jìng clean
有序 yǒu xù in order
医疗 yī liáo medical treatment
教育 jiào yù education
环境 huán jìng environment
公共服务 gōng gòng fú wù public service
乐观 lè guān optimistic
充满 chōng mǎn full of
利弊 lì bì advantages and disadvantages
便利 biàn lì convenience
节奏 jié zòu pace
污染 wū rǎn pollution

1 课文　城市让生活更美好 🎧33

随着城市的发展，很多年轻人为了生活得更好，离开农村，来到城市。那么，城市如何让年轻人的生活更美好呢？今天，我们很高兴邀请到了上海大学校长王晓燕接受采访。

记：王校长，您好！谢谢您接受我们的采访。中国人一向最重视家庭，为什么越来越多农村的年轻人离开农村，离开家人，来到城市发展呢？

王：年轻人选择到城市工作是因为城市的工作机会多，选择面更广。另外，在城市工作，可以发挥自己的特长，做自己喜欢的事业，城市能为年轻人提供美好的未来。不管在城市生活多辛苦，他们都会选择留下来。

记：除了工作机会之外，和农村相比，城市对年轻人的吸引力主要在哪里呢？

王 每个生活在城市里的人都会觉得城市更干净，生活更有序。这里有先进的医疗和教育，而且有优美的环境、高品质的生活、丰富的休闲娱乐方式和良好的公共服务。城市让生活更美好，这是年轻人选择在城市生活的原因。此外，城市里的人还很乐观，也很自信，对生活充满希望。

记 农村的年轻人来到城市生活，需要注意什么？

王 凡事都有利弊。一方面，在城市生活可以享受科技带来的便利、良好的医疗和教育等服务。另一方面，在城市生活会有很多挑战，如交通拥挤、生活节奏太快、环境受污染、工作压力大等问题，这些都需要年轻人做好心理准备。此外，年轻人能否融入当地生活，也是他们能否在这个城市留下来的重要因素。

记 是的，在城市里，有更丰富多彩的生活等着年轻人。只要不断努力，几年后就可以在城市稳定下来。希望这次的采访对想要在城市工作的年轻人有帮助，也谢谢王校长接受我们的采访。

> **Culture Point**

传统上，中国是农业国家。随着经济的发展，种地的人少了，越来越多的人走出农村，来到沿海一带城市打工。随着中国城市化进程的推进，农村发生了巨大的变化，生活条件变得越来越好了。超市、诊所、学校等纷纷建立起来，跟城市没有特别大的区别，在生活的某些方面反而比城里更加安逸。于是，越来越多的人又回到了农村。

China is a traditional agricultural country. As the economy develops, there are fewer farmers and more opportunity chasers leave their hometown to the coastline cities. During the urbanization in China, there are radical changes in the countryside: the living conditions are getting better; supermarkets, clinics, and schools are built. There is no obvious great difference between a city and a village anymore, and in some circumstances, living in a village is more enjoyable. Therefore, more and more workers go back to their birthplaces.

语法重点 Key Points of Grammar

条件关系复句 Conditional correlative complex sentence

表示有了某种条件，才会出现某种结果。
Indicate a condition that directs a certain consequence.

常用的条件关系关联词有：
The general correlative conjunctions for this complex sentence are:

单用 Stand-alone	只要、只有、除非、一旦 as long as, only, unless, once
双用 Dual	只要/一旦……就/都/便…… once...soon 只有……才…… only...so 除非……才……；除非……不……；除非……否则…… unless...so...; unless...not...; unless...otherwise... 没有……就没有…… no...no... 无论/不论/不管……都…… no matter...all...

课文理解 Reading Comprehensions

① 为什么年轻人要想办法在城市找工作？

② 城市让生活更美好，体现在哪些方面？

③ 在城市生活，年轻人要做好哪些心理准备？

④ 城市里的人有哪些性格特点？

⑤ 年轻人能否在城市留下来的重要因素是什么？

概念与拓展理解 Concepts and Further Understanding

① 课文一的采访对象是谁？
Who is the interviewee in text1 ?

② 课文一的语气如何？对象不同，语气会发生变化吗？
What is the tone in text1? Will the tone change along with different interviewees?

③ 城市化进程会导致传统文化习俗多样性的消亡吗？
Will the progress of urbanization eliminate the diversity of traditional culture and customs?

④ 课文一的写作目的是什么？
What is the writing purpose of text 1?

⑤ 作者是如何达到写作目的的？
What has the writer done to achieve writing purpose?

语言练习 Language Exercises

把有错别字的词语圈出来，并将正确的词语填写在括号内。
Circle the wrongly written characters, and write the correct words in the brackets.

① 农村　敖请　拥挤　（　　　　）　② 拼命　赠长　农民　（　　　　）
③ 发浑　壮观　台阶　（　　　　）　④ 特别　事业　干争　（　　　　）
⑤ 有序　医辽　教育　（　　　　）　⑥ 环镜　方式　生活　（　　　　）
⑦ 服务　乐视　充满　（　　　　）　⑧ 利敝　教学　有序　（　　　　）
⑨ 节奏　更利　公共　（　　　　）　⑩ 发生　特长　亏染　（　　　　）

选出能替换句子中画线部分的词语，然后重写句子。
Rewrite the sentences by changing the underlined words with the given words.

> 特长　医疗　教育　乐观　利弊　便利

⑪ 城市里的人在健康上更有保障，因为城市里<u>用于治疗疾病</u>的设备很先进。

⑫ 教师的责任是<u>按一定要求培养</u>下一代成为全面发展的有用人才。

⑬ 她是一个<u>对凡事都充满信心</u>的人。

⑭ 任何事物都有<u>它好的一面和不好的一面</u>。

⑮ 我家就住在商场附近，买东西很<u>容易</u>。

⑯ 陶小乐在绘画方面有<u>与众不同的技能</u>。

填入正确的关联词。 Fill in the blanks with appropriate correlative conjunctions.

⑰ ＿＿＿＿＿ 做好了足够准备，＿＿＿＿＿ 就不要冒险去潜水。
⑱ ＿＿＿＿＿ 明天有没有下雨，我们 ＿＿＿＿＿ 要去上学。
⑲ ＿＿＿＿＿ 经历过去的辛苦和努力，＿＿＿＿＿ 今天的成就。
⑳ ＿＿＿＿＿ 做完作业，＿＿＿＿＿ 可以出去玩。
㉑ ＿＿＿＿＿ 认真复习，＿＿＿＿＿ 能取得好成绩。
㉒ 老师教导我们 ＿＿＿＿＿ 做什么事 ＿＿＿＿＿ 要有头有尾，不能中途放弃。

课堂活动 Class Activities

五子棋游戏 Five in a Row

你有五分钟的时间去记课文一的所有生词，然后在下面的方格里写出所有你能记住的词语。当老师读词语时，请在你的词语方格中间涂上圆点，当五个词语连成一条直线（横、竖、斜），就 Bingo。最后看看谁连成的直线最多。

You have five minutes to memorize all the vocabulary in text 1. Then write them in the boxes below as much below as possible. When the teacher reads the vocabulary, please put a dot in the box. If there are five dots in a row(horizontal, vertical, diagonal), then you get a Bingo. See who gets the most lines.

口语训练 Speaking Tasks

第一部分 根据主题"城乡生活"，做 2-3 分钟的口头表达。做口头表达之前，先根据提示写大纲。Make a 2-3 minutes oral presentation on the theme "urban and rural life". Before you start, use the form below to make an outline.

大纲 Outline	内容 Content
观点 Perspectives	
事例 Examples	
名人名言 Famous quotes / 熟语 Idioms	
经历 Experiences	
总结 Summary	

第二部分　回答下面的问题。Answer the following questions.

① 你喜欢在城市生活吗？
② 你最喜欢哪一个城市？为什么？
③ 城市给你的生活带来了哪些便利？
④ 城市给你的生活带来了哪些不便？
⑤ 如果你是市长，你会对你所在的城市做出哪些改变？

Tips

如何让你的回答更具体？ How to answer specifically?

考生在回答问题时不要泛泛而谈，应该说重点。
Students who answer a question should focus on the main point, rather than all the details.

例如：第一题：你喜欢在城市生活吗？
For example: Question1: Do you like city life?

考生 A：我喜欢，城市有很多好玩的，交通方便。还有很多休闲娱乐项目，加上我又喜欢上网，所以我喜欢城市生活，城市生活让人更美好。

Student A: Yes, I do. There are lots of fun and convenience in a city. The integrated city transport system also can take us to get every corner immediately. There are lots of entertainment facilities. Also, I like to surf the Internet. I really like city life, it makes people's daily lives so much better.

点评：80% 的考生都会这么回答问题，几乎没有具体的细节说明，不但浪费了宝贵的表现时间，也不能得到较高的分数。

Comment: 80% of students answer the questions in this way, which barely has any specific detail. An answer like this will only waste your precious presenting time, and also there is less chance to get a high mark.

正解：我喜欢城市生活，因为城市让我的生活变得丰富多彩。我可以在周末约上几个朋友去踢足球，锻炼身体。烦恼的时候，可以去电影院看电影或者和朋友去咖啡厅喝咖啡。学习的时候，可以去图书馆查资料。还可以去听音乐会，听专家讲座等等。城市不但丰富了我的业余生活，也让我的身心更健康。

Reference answer: I like city life because the city enhances my daily experiences. I can play football with my friends on the weekend. When I'm in a bad mood, watching a movie in a cinema or having a coffee with friends can relieve me a lot. When I'm studying, libraries provide me the convenience of looking up information. I can also go to concerts, seminars, and so on. The city not only enriches my leisure time but also improves my physical and mental health.

2 课文　城市好还是农村好

自然美博客

http://www.zizhuyou.blog.com

2021年4月6日　星期二　20:48

　　由于城市的环境污染越来越严重，越来越多的人选择去农村生活。那么到底是城市好，还是农村好呢？

　　城市生活节奏快，工作压力大。每天有做不完的工作，有时晚上回到家还要加班。而农村生活节奏比较慢，不像大城市那样每天都在忙碌，需要不停地思考。缓慢的生活节奏使人们更加平静，身心更健康。农村也不会像城里堵车堵得那么厉害，节省了很多时间。

　　另外，农村的空气质量比城里的好，那里很少有汽车尾气的排放，很少有工厂排放出的废气、废水，也很少出现雾霾天气。春天的时候看看花朵，秋天的时候吃吃水果，呼吸着大山里的新鲜空气，感觉心情特别舒畅！

　　在城市，人与人之间关系比较冷漠，邻居之间很少来往。在农村，邻里之间比较亲近，人与人相处得更融洽。

　　城市里的食品来源太多，有些食品含有大量的化学物质。城里人有时候会担心买到被污染的菜。住在农村就不一样了，农村的蔬菜比城里的干净得多，人们每天吃的大多是绿色蔬菜。而且在农村蔬菜种类繁多，也不怕坏，想吃什么就到园子里去摘什么。

生词短语

加班 jiā bān	overwork
思考 sī kǎo	thinking
缓慢 huǎn màn	slow
堵车 dǔ chē	traffic jam
节省 jié shěng	save
尾气 wěi qì	exhaust
雾霾 wù mái	haze
呼吸 hū xī	breathe
新鲜 xīn xiān	fresh
舒畅 shū chàng	pleasant
冷漠 lěng mò	indifferent
融洽 róng qià	harmoniously
物质 wù zhì	material
种类繁多 zhǒng lèi fán duō	wide varieties
优越 yōu yuè	advanced

总而言之，城市虽然能提供优越的物质条件，可是相对于农村，它并没有提供更健康的生活方式。所以，我认为还是在农村生活好。

大家对此有什么看法吗？请给我留言。

阅读（20）　　　　评论（12）　　　　转载（8）　　　　收藏（5）

语法重点 Key Points of Grammar

比字句 "比" sentence

当我们对两个事物进行比较时，会用"比"来引出比较的对象。基本格式如下：
The word "比" is frequently applied in a comparison sentence when the comparative object needs to be pointed out. The basic formats are:

Structure ① A 比 B + 形容词 A compares to B+ adjective

E.g.
- 农村的空气质量比城里的好。The air condition in villages is better than that in cities.

Structure ② A 比 B + 形容词 + 具体差别（具体数字 / 得多 / 一点儿 / 一些）
A compares to B + adjective+ specific differences (numbers/ 得多 (more/much)/ 一点儿 (a little bit)/ 一些 (some))

E.g.
- 农村的蔬菜比城里的干净得多。
  The vegetables of villages are much cleaner than that of the cities.
- 多多比凯瑞高 10 厘米。Duoduo is 10 cm taller than Carrey.

注意 Notes

① 比较两个事物的具体差别时，具体的数字要放在形容词后面。
The number should be behind the adjective when we compare the specific difference of two objects.

E.g.
- 北京的气温比香港低 10 度。
  The temperature in Beijing is 10 degrees lower than that in Hong Kong.

② 形容词前面不能用"很""非常""特别"等程度副词修饰。
It is not allowed to use adverbs of degree like"很""非常""特别"in front of the adjective.

E.g. ● 北京的气温比香港非常低。（✘）
The temperature in Beijing is very lower than that in Hong Kong. （✘）

③ 表示差别很大的时候可以在形容词后面加"得多""多了"。
"得多"and "多了"are the correct answers to indicate great differences

E.g. ● 北京的气温比香港低多了。The temperature in Beijing is a lot lower than that in Hong Kong.

④ 表示差别不大的时候可以在形容词后面加"一点儿""一些"。
To express moderate difference, we tend to use"一点儿"and"一些"

E.g. ● 北京的气温比香港低一点儿。
The temperature in Beijing is a little bit lower than that in Hong Kong.

Structure ③ A 比 B 更 / 还…… A is more... than B

E.g. ● 农村的空气质量比城里的还要好。 The air condition of villages is better than cities.

Structure ④ A 比 B+ 动词 + 得 + 程度补语 A compares to B + verb + 得 + degree complement
A + 动词 + 得 + 比 +B+ 程度补语 A + verb+ 得 + 比 + B + degree complement

E.g. ● 800 米比赛中，多多比凯瑞跑得快。
Duoduo is faster than Carrey in the 800 meters running.
● 凯瑞跑得比多多慢得多。Carrey is much slower than Duoduo in running.

Structure ⑤ A 比 B+ 早 / 晚 / 多 / 少 + 动词 + 数量补语
A compares to B+ earlier / later / more / less+ verb+ quantity complement

E.g. ● 多多比凯瑞早出生半年。Duoduo was born half a year earlier than Carrey.
● 凯瑞比多多晚出生半年。Carrey was born half a year later than Duoduo.

课文理解 Reading Comprehensions

① 生活节奏慢，对人有什么好处？

② 为什么农村空气质量好？

③ 和城市比，农村人的邻里关系怎么样？

④ 为什么城里人怕买到有污染的菜？

⑤ 农村的蔬菜和城市相比有什么特点？

概念与拓展理解 Concepts and Further Understanding

① 课文二是什么文体？ What is the text type of text 2?

② 作者的观点是什么？ What is the perspective of the author?

③ 作者的观点是如何构建的？ In what way the perspective of the author is constituted?

④ 作者说城市给人们提供了优越的物质条件，你认为是哪些物质条件？
The author said that cities provide superior material conditions for people, and which of them do you think is considered as "superior material conditions"?

⑤ 在博客上呈现的观点都是可信的吗？ Are all the perspectives on the blogs reliable?

语言练习 Language Exercises

选择适当的词语，填写在横线上。 Fill in the blanks with appropriate words.

① 今天工作做不完，看来晚上要＿＿＿＿＿＿了（下班、上班、加班、代班）。
② 这位新来的同学不爱说话，对人也很＿＿＿＿＿＿（冷清、冷漠、冷气、冷落）。
③ 小明的爸爸买了一辆车，以后上下班就会＿＿＿＿＿＿（节约、节日、节束、节省）很多时间。
④ 吸入汽车＿＿＿＿＿＿（尾气、尾巴、追尾、末尾）对人的身体很不好。
⑤ 小乐到了新学校后，和同学们相处得非常＿＿＿＿＿＿（融入、融化、融洽、融合）。
⑥ 傍晚到海边散散步会让我们的身心都感到很＿＿＿＿＿＿（舒服、舒心、舒畅、舒缓）。
⑦ 小刚家的生活条件很＿＿＿＿＿＿（优美、优越、优秀、优良），从来不用担心过得不好。

选择正确的词语填空。 Fill in the blanks with the right words.

> 思考　缓慢　堵车　雾霾　呼吸　新鲜　物质　种类繁多

⑧ 超市里的商品＿＿＿＿＿＿，我逛了一个下午，买到了很多喜欢的东西。
⑨ 考试遇到难题要冷静＿＿＿＿＿＿，千万不要慌。
⑩ ＿＿＿＿＿＿是指金钱、生活资料等。
⑪ 老奶奶身体不好，＿＿＿＿＿＿地移动脚步，往医院走去。
⑫ 只有在森林里才能呼吸到＿＿＿＿＿＿的空气。
⑬ ＿＿＿＿＿＿对人类的身体健康造成了极大威胁。
⑭ 早晨起来到户外＿＿＿＿＿＿新鲜的空气，对身体有好处。
⑮ 早上要早点儿出门坐车，否则遇到＿＿＿＿＿＿是会迟到的。

判断下面"比"字句的使用是否正确，如果错误请订正。
Determine whether the "比" sentences are used appropriately or not, and correct them if there is any mistake.

⑯ 她的衣服比我的很美。
⑰ 她大三岁比我。
⑱ 我学的汉语单词比他的很多。
⑲ 我学的汉语单词比他的多多了。
⑳ 多多跳得绳比我快。
㉑ 多多比凯瑞穿多了一件衣服。
㉒ 多多比凯瑞晚学半年汉语。

课堂活动 Class Activities

故事接龙 Round Robin Speaking

将课文二文章中学到的生词编成一个故事，每个人说一句话，一个接一个说，比比谁的句子说得最有趣。第一个同学可以这样开头，"今天，我……"第二个同学根据第一句话的内容，编第二句。以此类推。

Use the vocabulary you have learned in text 2 to make a story. One student says a sentence, another one continues it, and see whose sentence is the most interesting. For example, the first student can start like this: "Today, I...", then the following student keeps on the story with the second sentence, etc..

口语训练 Speaking Tasks

第一部分 根据图片，做 3-4 分钟的口头表达。做口头表达之前，先根据提示写大纲。

Make a 3-4 minutes oral presentation based on the picture. Before you start, use the form below to make an outline.

大纲 Outline	内容 Content
图片内容 Information of the picture	
图片主题 Theme of the picture	
提出观点 Make your points	
延伸个人经历 Relate to personal experiences	
名人名言 Famous quotes / 熟语 Idioms	
总结 Summary	

第二部分 回答下面的问题。Answer the following questions.

① 在农村生活一定不好吗？
② 你有可能像图中的男孩那样在牛背上睡觉吗？为什么？
③ 如果有机会，你会去农村生活吗？为什么？
④ 如果让你去农村做义工，教当地孩子读书，你会去吗？
⑤ 你会如何帮助农村生活贫困的孩子？

> **Tips**
>
> 通过比较，说明事物的特点。Explain the characteristics of an object by comparison.
>
> 有时候为了能更清楚地说明事物的特点，可以将另外一个事物拿来一起做比较，突出要说明事物的特点。例如，在回答第一个问题"在农村生活一定不好吗"时，可以将农村生活和城市生活进行对比，从而让自己的观点更清楚。
>
> Sometimes, for the purpose of explaining the characteristics of an object clearly, we can put it in a comparison with another object, then the features of the object you want to explain can be highlighted. For example, to answer the first question "Is it definitely bad to live in a village? ", we can make a comparison between the village life and the city life, so that the point of view can be clarified.

技能训练 Skill Tasks

阅读训练 Reading Tasks

文章 1　城市生活的压力

仔细阅读下面的短文，然后回答问题。
Read the passage carefully and answer the following questions.

6月9日下午，来自上海的多位专家共同探讨了"新一代都市人的压力从何而来，我们又该如何同压力相处"的话题。他们发起了"都市人压力大调查"，在一个月内共收回了3281份问卷，受访者来自十多个不同的行业和不同的城市。调查结果显示，20%的年轻人最后选择离开城市，回到农村生活，主要原因是生活压力太大。

绝大多数人在城市生活都面临着极大的压力。56%的都市人表示承受着"很大"和"较大"的压力。调查发现，工资水平中等的人承受的压力最大。月收入在6000元以下的人群也会经常感到压力，随着收入的增多，压力会相应地减小。但是，当月收入达到三万元以后，压力又往上增加了。

18岁以下的调查对象每天也会感受到压力。但随着年龄的增长，人们自我消化压力的能力也在增强。18岁以上的受访者中，多数人第一次感受到巨大压力是在"工作初期""成为公司管理层"或"有了孩子之后"。压力大部分发生在人生的重大时刻。初入社会的职场新人可能面临的最大难题是"经济状况不佳"。26岁至35岁的人的难题在于"工作与个人生活失衡严重"。进入中年后，人们则开始担心身体的健康状况。

有69%的受访者表示压力来自对未来感到迷茫。近32%的人对"来不及学习行业新知识和变化"感到焦虑，担心跟不上时代需要。近30%的受访者认为正在做一份自己毫无兴趣的工作。调查也显示：每一代人都有不同的压力，在未来的高科技时代，压力可能不在于紧张的工作，而在于机器和科技帮助人类提高效率以后，人们如何让空闲时间过得更有意义。

压力一方面来源于身体状况，另一方面来源于人们的心理感受和体验。要想管理压力，让工作、事业、家庭更平衡，很大程度上就是要找到舒缓压力的方式。在解压方式上，调查显示，有80%的受访者最常用的是娱乐、运动和旅游等方式。

专家建议，人们要多参加户外活动，经常锻炼身体，保持良好的心情，这样才有利于减轻压力。

① 百分之二十的年轻人选择离开城市的原因是什么?

② 调查结果显示,哪些人承受的压力最大?

③ 哪些人会经常感到压力?

a.

b.

④ 多数人第一次碰到压力是什么时候?

a.

b.

c.

⑤ 进入中年后,压力主要来源于哪方面?

⑥ 超过一半的受访者认为他们的压力主要是什么?

⑦ 人们未来的压力在于什么?

⑧ 人们最常用的解压方法有哪些?

文章 2　农村生活面临的问题

① 　现在的农村和城市的差别越来越小了，农民的生活水平有了很大的提高。为了提高农民的生活质量，很多村子都增添了生活和娱乐设施，农民也过上了舒适的"城里"生活。尽管如此，农村生活还是面临很多问题。今天我们特地采访了石桥村村长倪大凯，请他来和我们谈谈当前农村生活面临的问题。

② 　记【－1－】

　倪　最主要的原因是农村的工作机会有限，很多年轻人在农村找不到工作。由于国家重视环境问题，农村很多污染型企业被关闭，很多原本在这类企业工作的农民失去了工作。另外，大部分农民的学历都不高，很难找到稳定的工作。再加上人工智能化，农村的很多工厂不再需要大量的劳动力。因此，外出打工是大部分农村人的选择。

③ 　记【－2－】

　倪　年轻人纷纷进城打工，农村的青壮年劳动力减少，导致了农村土地的大面积荒废。老人和儿童留守在农村，一方面老人在生活上得不到很好的照顾，比较孤独；另一方面，儿童没有父母亲陪伴在身边，教育也受到了严重的影响。

④ 　记【－3－】

　倪　跟城市相比，农村的教育资金比较少，农村的学校设备比较落后，阅读资源不足，教师资源有限。这些都在很大程度上影响了农村的教育。

⑤ 　记【－4－】

　倪　现在，越来越受过良好的教育的年轻人选择重新回到农村创业，为农民创造了更多的工作机会。同时，随着网络科技的发展，农民可以直接在网上销售农产品，大大地增加了家庭收入。而且国家和学校还提倡借助互联网开展线上教育，让农村儿童接受良好的教育，享有和城市青少年同样的受教育机会。我们相信，农村生活会有改善，变得越来越好！

根据文章2，选出相应的句子，把答案写在横线上。
According to passage 2, choose the corresponding sentences and write the answers on the lines.

① [-1-] _____　　A. 您认为年轻人在农村工作会面临什么问题？
② [-2-] _____　　B. 现在，农村的生活有哪些改善？
③ [-3-] _____　　C. 年轻人外出打工对农村造成了哪些影响？
④ [-4-] _____　　D. 为什么很多农村的年轻人选择外出打工？
　　　　　　　　　E. 政府采取了哪些措施来提高农民的生活质量？
　　　　　　　　　F. 为什么农村的教育存在问题？

根据❶，找出最接近下面解释的词语。 According to ❶ find out the closest definations.

⑤ 形式或内容上的不同：_____
⑥ 为满足某种需要而建立起来的建筑等：_____
⑦ 身体或精神上感到轻松愉快：_____
⑧ 专为某件事：_____

根据❷-❺，选出五个正确的叙述。把答案写在横线上。
According to ❷-❺, choose five correct descriptions. Write the answers on the lines.

文中提到在农村生活面临的问题包括：

⑨ _____　　A. 人工智能化，导致很多农民找不到工作。
　 _____　　B. 到城市打工只是一小部分农民的选择。
　 _____　　C. 国家重视环境问题，农村很多污染型企业被关闭。
　 _____　　D. 很少青壮年劳动力留在农村。
　 _____　　E. 农村教师资源仍然相对缺乏。
　　　　　　 F. 受过良好教育的人没有回到农村创业。
　　　　　　 G. 土地荒废。
　　　　　　 H. 网络科技帮助农民增加了家庭收入。

Tips

如何提高阅读速度？
How to increase your reading speed?

任何文章，都有很多多余的信息。要提高阅读速度，就要去掉这些多余的信息。因此在阅读的时候，可以不以字、词为单位，而是寻找关键线索，有的地方可以忽略不读。

It's unavoidable that there is redundant information in every article. To speed up yourself, this kind of information can be omitted. When we are reading, look for the clues and essential factors instead of reading word-by-word. Sometimes we can even skip a part.

如文章二的这段文字：

"最主要的原因是农村的工作机会有限，很多年轻人在农村找不到工作。由于国家重视环境问题，农村很多污染型企业被关闭，很多原本在这类企业工作的农民失去了工作。另外，大部分农民的学历都不高，很难找到稳定的工作。再加上人工智能化，农村的很多工厂不再需要大量的劳动力。因此，外出打工是大部分农村人的选择。"

For example, this is a paragraph in the passage 2:

"The primary reason is that there is seldom work opportunity in rural areas, and many young people can't find jobs. As environmental issues gain more attention, many polluting enterprises in rural areas are forced to close, and many farmers who originally worked there have lost their jobs. In addition, most farmers are poorly educated, and it is difficult for them to find stable jobs. Now we even have artificial intelligence, many factories in rural area don't choose laborers as their first choice. Therefore, leaving the village for jobs is the most general option for the rural people."

这段文字如果只看关键成分，就变成：

"……年轻人……找不到工作……企业关闭……学历不高……人工智能……外出打工……"

If we only examine the crucial parts, the article becomes:

"...the young people...can't find jobs...enterprises are forced to close...poorly educated...artificial intelligence...leaving the village for jobs..."

短短 24 个字，就能读出作者想要传递的完整信息。

We can get the intact information which the author wants to express in a much shorter scale.

提高阅读速度，取决于平时数量的积累，读得越多就越熟练。阅读的时候，应该培养自己根据阅读材料中的一部分内容，快速抓出主要意思的能力。多练多看，就很快能提高阅读速度。

The reading speed depends on our reading quantity; the more you read, the more experiences you gather. We should cultivate the skill to grasp the main idea quickly through a portion of the content. The reading speed can increase rapidly if you read more and practice more.

听力训练 Listening Tasks

一、《我喜欢农村生活》 🎧35

你将听到关于《我喜欢农村生活》的文章。你将听到两遍，请听录音，然后回答问题。
You will hear an article *I like rural life*. The clip will be played twice. Please listen and answer the questions.

请先阅读一下问题。Read the questions before you start.

① "我"喜欢在田间跑步，因为农村早晨的空气新鲜，而且在田间跑步不会_____。

② 在农村，每个人都很_____，但他们总是很开心。

③ 农村人会在院子里种一些_____。

④ "我"喜欢在农村生活，因为人与人之间有_____。

⑤ 城市人特别向往的是_____。

⑥ 农村的天空之所以像_____一样，是因为没有工厂排出的废气和汽车尾气。

⑦ 很多城里人想在_____买一套属于自己的房子。

⑧ 城里人想要拥有清新的空气和_____，就要在房子周围种上花草树木。

二、《在城市生活，我失去了什么》 🎧36

你即将听到第二个听力片段，在听力片段二播放之前，你将有四分钟的时间先阅读题目。听力片段将播放两次，听力片段结束后，你将有两分钟的时间来检查你的答案。请用中文回答问题。

You will hear the second audio clip. You have 4 minutes to read the questions before it starts. The clip will be played twice, after it ends, 2 minutes will be given to check the answers. Please answer the questions in Chinese.

选出五个正确的叙述。Choose five correct descriptions.

① _____
_____
_____
_____
_____

A. "我"是在上海读的大学。
B. "我"原本认为城市会让生活变得更美好。
C. 空气污染是在大城市生活的一个不可忽视的问题。
D. 工作压力让"我"的生活方式变得不健康。
E. "我"没有什么精力去参加社区活动。
F. "我"每天花两个小时坐公交车和地铁上下班。
G. "我"已经决定回乡村生活。
H. 城市生活给"我"带来了痛苦和烦恼。

填空题，每个空格最多填三个词语。 Fill in the blanks, three words in one blank at maximum.

在城市中生活，我们到底失去了什么呢？我认为我们失去了【-2-】，失去了生活中真正【-3-】，而我们拥有的恰恰是城市生活给我们带来的【-4-】。

我实际上已经变成了生活的奴隶。我开始反省自己，我觉得只要拥有【-5-】就好，也许回到乡村生活才是我应该做的决定。

② [-2-] _____   ③ [-3-] _____
④ [-4-] _____   ⑤ [-5-] _____

选出正确的答案。 Choose the correct answers.

⑥ 文章的目的是_____。
   A. 说明城市生活给我们带来了哪些痛苦和烦恼
   B. 说明在城市生活房价太高
   C. 说明在农村生活比在城市生活好

⑦ 文章的语气是_____的。
   A. 悲伤   B. 无奈   C. 愤怒

> **Tips**
>
> **抓住文章关键词语，领悟情感** Catch the emotion of the keyword
>
> 词语是语言的基本材料，在听一篇文章时，要注意抓住听力材料中的关键词语，感悟词语所要表达的情感。因为文章的主旨、作者的写作目的都是通过关键词语表达出来的。
>
> Vocabulary is the fundamental material of the language. When listening to a passage, we must pay attention to the keywords, and understand the emotions in them, because the main purpose of the article and also the author's writing purpose is expressed through keywords.
>
> 这些重点词语通常会出现在文章的开头、段落或文章的结尾，有概括、加重语气和引起听者思考和共鸣的作用。
>
> The keywords usually appear in the beginning of a passage, the end of a paragraph, and the end of passage. They have the effects of summarizing, emphasizing the tone, and arousing the listeners to think or resonate.
>
> 要学会联系上下文，理解词语，才能理解句子，最后理解文章的意思。只有这样，才能听出说话者的意图以及所要表达的情感。因此，在听听力的时候，要有意识地注意重点词语。
>
> We should learn to connect the context, then understand words in order to understand sentences, and eventually recognize the whole meaning of a passage. Only in this way can we comprehend the speaker's intentions and emotions. Therefore, when we are listening, we must consciously pay attention to the keywords.

请对照附录中听力二的文本，听出重点词语来体会文章的大意和语气。

In accordance with transcript in the appendix of the second audio clip, please listen to the keywords and comprehend the main content and tone of the article.

```
在城市生活，我失去了什么？
  ├─ 第❶段 ─ 关键词：
  ├─ 第❷段 ─ 关键词：    → 文章大意：  ⇒  文章语气：
  ├─ 第❸段 ─ 关键词：
  └─ 第❹段 ─ 关键词：
```

✎ 写作训练：访谈 Writing Tasks: Interview

热身

● 根据课文一，讨论访谈的格式是什么。According to text 1, discuss the format of an interview.

Lesson 9：Urban and rural life 城乡生活 ● **225**

Tips

文体：访谈
Text type: Interview

访谈是采访者就某一话题，请受访者发表意见，以一问一答的形式进行的采访。

An interview is that the interviewer asks the interviewee to give an opinion on a specific topic. Usually, it's one-on-one.

格式 参考课文一

访谈主题（标题）
访问 XXX（采访对象）

□□开头：采访的时间、地点、人物、目的

□□正文：受访者的观点和感受
　　记：（介绍自己，围绕主题问问题）
　　X：
　　记：（层层递进提出问题）
　　X：
　　记：
　　X：

□□结尾：总结

练习一

你的朋友回农村生活已经半年了。你是新华社记者，你想听听她为什么离开城市，以及她这半年在农村生活的感受和对农村生活的看法。请写一篇采访稿。字数：100-120个汉字。

采访稿应该包括以下内容：
- 离开城市回农村生活的原因
- 和城市比，农村有哪些好的方面
- 和城市比，农村有哪些不好的方面

练习二

你是新明日报的记者,你所在的小区最近搬来很多从农村到城市工作的人。在和他们的交谈中,你发现这些人在融入本地城市生活方面碰到很多困难。请从下列的文本类型中选择一种,介绍一下这些农民工为什么来城市工作,在城市生活中碰到哪些困难,以及他们给其他农民工的建议等等。字数:300-480 个汉字。

| 电子邮件 | 演讲稿 | 访谈 |

Lesson 9 : Urban and rural life 城乡生活

> **Tips**

如何写访谈稿？How to write an interview script?

写访谈稿，重点是访谈稿的结构以及如何提问问题。访谈稿通常可以根据以下结构来写作，请参看课文一。

The key point of writing an interview script is to consider the construction of the script and the ways of asking questions. The table below is one of the general formats we use in an interview script. Please refer to text 1.

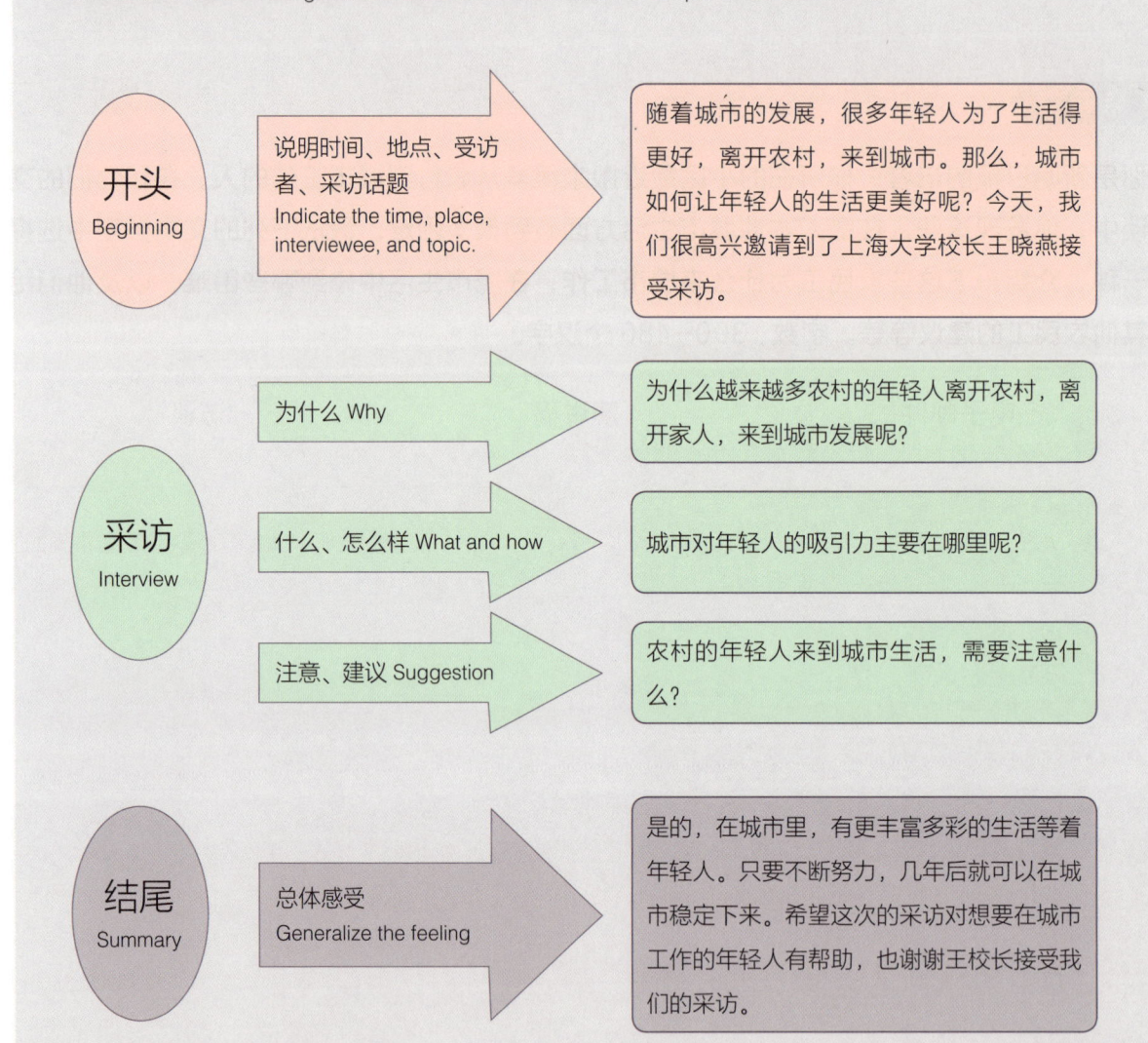

结构	内容	示例
开头 Beginning	说明时间、地点、受访者、采访话题 Indicate the time, place, interviewee, and topic.	随着城市的发展，很多年轻人为了生活得更好，离开农村，来到城市。那么，城市如何让年轻人的生活更美好呢？今天，我们很高兴邀请到了上海大学校长王晓燕接受采访。
采访 Interview	为什么 Why	为什么越来越多农村的年轻人离开农村，离开家人，来到城市发展呢？
	什么、怎么样 What and how	城市对年轻人的吸引力主要在哪里呢？
	注意、建议 Suggestion	农村的年轻人来到城市生活，需要注意什么？
结尾 Summary	总体感受 Generalize the feeling	是的，在城市里，有更丰富多彩的生活等着年轻人。只要不断努力，几年后就可以在城市稳定下来。希望这次的采访对想要在城市工作的年轻人有帮助，也谢谢王校长接受我们的采访。

Appendix一 Transcript 录音文本

第一课

听力一

录音一

M：你好！请问中文课室怎么走？

F：从这里直走，坐电梯上楼，出了电梯，向右转就到了。

M：坐电梯上几楼？出电梯后大概要走多久呢？

F：上十四楼，大概走两分钟就到了。

录音二

M：老师好！对不起，昨晚我的弟弟妹妹生病了，我得送他们去医院看医生，回到家都半夜了，作业也来不及写。我今天能不能晚一点儿到学校？我想在家里先把作业做完，预计差一刻十一点能到学校，谢谢老师谅解！

录音三

M：你申请了什么课外活动？

F：我报了辩论课程。上周刚参加了面试，进入第二轮了，这个星期五还有一次面试。

M：太好了，这个辩论课程打算录取几个学生？

F：就八个吧，组成两组辩论队，竞争很激烈。

M：别担心，周六足球场见！

F：好的。

录音四

M：观众朋友们，大家好！现在播报新闻！为了让更多的贫困学生受惠，减轻他们在学校的负担，新加坡教育部将从今年3月1日起推行"教育部财政资助计划"，全校20%的学生将有资格申请资助。

录音五

F：听众朋友们，早上好！欢迎收听天气预报，因为昨晚一场大雨，今天早上气温在24度左右，天气凉爽。中午会有雷雨，请大家不要忘记带伞。午后，气温将会上升，最高将达到39度。早晚温差大，请注意身体健康。

录音六

M：小珍，你好！你来找老师聊天，有什么需要帮忙的吗？

F：我不想进教室上课，什么课也不想上。

M：为什么呢？同学们欺负你了？

F：不是，我觉得上中学以后，一切都变了。同学们好像都不太喜欢我，也不怎么和我说话。

M：中学是和小学不一样了，科目多了，同学们都很忙，不能像小学那样一直玩。但这不代表他们不喜欢你。

F：可是，上课老师问问题，我不会回答，他们会笑我。

M：不会回答问题是正常的，每个人都有不会的问题。同学们笑也许没有恶意，你不要放在心上，重要的是应该想着怎么把功课做好。

F：好的，我试试看。我先温习功课去了，谢谢老师！

听力二

观众朋友们，大家好！欢迎收看本周的《新闻早知道》，下面我们来看一则关于"逃学王变学霸"的校园新闻：

曾经多次因逃学导致考试不及格而差点儿被学校开除的"逃学王"许佳龙，被热心女教师成功转化为学霸，在今年期末考试中取得了所有科目全部是A的好成绩。

许佳龙上中学时父亲坐牢，家里经济困难，母亲身体状况不佳，不支持他读书，所以他经常旷课，待在家里不是看电视就是玩儿电脑，导致中一重读一年。

中一年段长陶小乐老师了解到许佳龙的家庭问题后，觉得不能放弃任何一个学生。她坚持每周上门做家访，成功鼓励"逃学王"回校读书，并利用课余时间帮他补课。

是什么原因让陶老师这么热心地帮助学生呢？陶老师和我们的记者分享了她开导许佳龙的心得。

"我自己年轻时也有相同的经历，家里经济困难，不得不辍学在家做家务，帮忙照顾弟弟妹妹。但当时我的班主任对我不离不弃，说服我母亲让我回学校读书。没有她的坚持，我也不可能成为老师。我觉得我要把班主任这份真诚的爱心传递下去，所以我才会花很多时间和许佳龙谈心，分享我的成长经历，也让他明白逃学后果的严重性。"

访谈中，陶老师希望有类似家庭问题的学生不要轻易放弃自己。她也会和其他老师一起发起"一个也不落下"的助学计划，积极挽救问题少年。除了办讲座、定期家访、帮助解决经济问题外，老师们也会带这些问题学生出国交流，让他们看看外面的世界。这样，学生们对未来会有更多的期待。

第二课

听力一

录音一

M：同学，你好！请问你的爱好是什么？
F：我的爱好有很多，唱歌、跳舞、下棋、爬山等等。
M：那这些爱好中，你最喜欢哪一个？或者你认为最重要的是哪一个？
F：当然是跳舞啦。

录音二

M：一香，我今天数学考试没有及格，我担心会被妈妈骂，就把原来的分数9分改成了90分。我原来以为妈妈那么忙，肯定不会注意看，没想到她一下子就发现了，把我痛骂了一顿。我一时伤心，就跑出来了。我准备离家出走，去朋友家住几天，让妈妈也着急一下。你觉得我这个主意怎么样？
F：这样做不对，你应该找你妈妈好好谈谈！

录音三

F：康康，走，跟我们去看电影吧！
M：我下午要学日语，晚上还有语文和数学补习，没时间。
F：真是个书呆子，除了读书，你还会做什么？
M：我还会看漫画，呵呵，不过要偷偷看，被妈妈发现，就惨了。
F：真的吗？那你看什么漫画书？跟我们分享一下。
M：《海贼王》。

录音四

M：观众朋友们，大家好！现在播报新闻。新天地中学一位13岁的男孩，因为吸太多电子烟，导致肺部发炎，心脏病发作。男孩被家人送到医院后，抢救无效死亡。我们要提醒青少年学生，吸烟有害健康。吸烟不但会阻碍脑部发育，使人脑反应迟钝，还会影响身高和身体其他各方面的发育。

录音五

F：听众朋友们，早上好！今天向大家介绍一部最近很火的网络游戏《街头篮球》。《街头篮球》要求玩家自己作为队员直接参与比赛，每个玩家只能扮演一名队员。这是一种多人参与互动的对战游戏，是一种很好玩儿的游戏。

录音六

M：多多，你好！感谢你接受我们的采访。我们知道你是新加坡国家艺术体操队的队员，你能告诉我们为什么你选择艺术体操吗？
F：艺术体操不但可以锻炼身体，而且体操动作很优美，适合女孩子跳。
M：很多年轻人都觉得读书很重要，大部分的时间都花在上课和补习上，为什么你却每天花四到五个小时进行训练呢？
F：每天训练四到五个小时，可以锻炼耐力和吃苦的能力。另外，因为经常参加比赛，我们并不把成功与失败看得很重要，我们更注重过程。这些能力对学习的帮助也很大。
M：那你平时有空的时候，都做什么？
F：大部分的时间是做作业，我也上网看视频，看漫画，玩儿电子游戏等。这些爱好可以帮助我减轻学习和比赛的压力。

听力二

M：陈小珍教授，您好！感谢您接受我们的采访。根据数据显示，2019年全球Z时代人数超过其他时代的出生人数，达到最高峰。您能告诉我们什么是Z时代的人吗？
F：Z时代的人指的是在互联网时代出生的年轻人，通常是指1995年至2010年出生的人。
M：Z时代的人有哪些特点呢？
F：Z时代的人最普遍的特点是他们喜欢待在家里，特别是Z时代的女生。这群人每天都离不开互联网。在网上追星，自己设计表情包，不喜欢社交，和外界联系的主要方式是社交媒体。
M：最近研究发现，Z时代青年中，有34%的人表示将永久离开社交媒体，64%的人表示正在逐步减少使用社交媒体。这是什么原因呢？
F：Z时代的年轻人开始讨厌社交媒体并选择离开。因为在脸书上，他们大多展示的是"理想的我"，而在年轻人自己喜欢的平台上，展示的才是"真正的我"。对于个性张扬、追求自由的Z时代青年来说，做真我，最快乐。因此，他们选择迁移。
M：是的，Z时代的人社交方式与上一代人大不相同。他们在Snapchat上与好友聊天，在抖音上刷好友的短视频动态，在网上与爱好相同的人群对话，尤其是游戏玩家。那么，他们的兴趣爱好是什么呢？
F：Z时代的人最大的兴趣爱好就是看漫画，其次是看综艺类节目，因为综艺类节目具有参与和互动性。我们人类还是没办法脱离亲戚朋友而独立存在，所以综艺类节目可以释放他们社交方面的压力。此外，他们也喜欢追星，看游戏视频等等。
M：那么90后和00后的年轻人有什么区别？
F：90后爱幻想，而00后更具有创造力，经常活跃在各大兴趣圈子里。90后喜欢阅读、音乐。00后的创造力体现在他们对科技、漫画的偏爱上。
M：好的，谢谢陈教授接受我们的采访。对于Z时代的人，大家都有什么看法呢？欢迎在我们频道下方的评论区留言讨论。

第三课

听力一

录音一
F：同学你好！请帮我们做一份问卷调查，好吗？
M：是什么调查？
F：是关于家庭情况的调查，请问你有几个兄弟姐妹？
M：我是独生子。

录音二
F：佳佳，公司临时派妈妈去出差，妈妈等不到你回来和你说再见。我知道你一定很难过，可是每天只有一趟飞机飞往北京，如果妈妈今天不赶这趟飞机，就会耽误很多事。妈妈做好了饺子，放在冰箱里了，你要记得吃哦，照顾好自己。

录音三
M：明天就是周末，你下班走得这么匆忙，是急着去哪里玩儿吗？
F：玩儿什么玩儿？每天被孩子的功课急死了！我晚上要去上补习班，快来不及了。
M：孩子读书，你上补习班干什么？
F：只有去补习班，我才能知道我女儿在学校学什么，好帮助她解决学业上的难题。

M：这么好，在哪里？
F：不告诉你。

录音四
M：观众朋友们，大家好！现在播报新闻。昨天晚上，一位十三岁的小女孩因为考试不及格和父母吵架，离家出走，到现在还没回家。小女孩离开家的时候，穿白色上衣、黑色裤子、白色球鞋，绑着马尾辫，如果有观众看到这位小女孩，请向警察局报案。

录音五
F：听众朋友们，早上好！今天向大家介绍一部最近很火的电视剧——《小欢喜》，电视剧真实地讲述了父母为孩子准备高考的故事。剧中的父母把自己的愿望强加给孩子，以爱的名义对子女提出很多要求，最后导致父母与孩子关系紧张。很多父母不明白为什么自己为孩子付出了那么多，孩子却一点儿也不理解。

录音六
F：老师您好！我是乐乐的妈妈，有一件事情想和您沟通一下。您能告诉我怎么能让我的孩子自觉地做作业吗？
M：出什么问题了？
F：乐乐每天都不做作业，我得每天看着他，逼着他写，这样下去，我也很累。
M：大多数的孩子不喜欢父母逼他做作业，您可以试着和乐乐一起制定学习计划。
F：制定计划有什么好处呢？
M：让孩子自己制定目标，孩子会更有参与感，而且当他们完成任务时，会更有成就感。不管孩子制定什么目标，充分尊重并帮助他执行就好了。
F：好吧，我试试看，谢谢老师。

听力二

各位网友，欢迎收听 FM 95.3 心灵空间频道，今晚的主题是《我该怎么办》。下面是我们收到的一位中学生朋友的来信，他在信里这样写道：

主持人：

您好！今天是除夕，可我却一个人在学校里不想回家。

家，本是一个温暖的地方，但爸爸妈妈的争吵让我对家产生厌恶，甚至想离家出走。以前看到爸爸妈妈争吵我会哭，长大了就麻木了，也无所谓了。只要他们一吵架，我就躲到房间里。久而久之，我也变得不愿意和他们交流了。

其实，爸爸妈妈吵架，都是因为在对我的教育上意见无法统一，谁也不赞同谁的教育方式。每次他们吵架，我也不知道听谁的，他们各说各的理由，而我也不知道谁对谁错。正因为这样，我变得谁也不相信，人也容易激动，人际交往就更别提了。当看见别人的父母带着自己的孩子去旅游时，我很羡慕，我只是要一个和和睦睦的家，为什么就这么难？俗话说，"家和万事兴"，如果一家人都不能和睦相处，那还是家吗？

面对父母的不断争吵与相互指责，我总是感到恐惧与烦恼。有时候他们闹不愉快，就会对我发火，导致我现在一点儿安全感也没有。更糟糕的是，我对生活也失去了信心，对任何事物都没有兴趣，甚至会变得容易生气，对家人也很冷淡。也许是因为得不到父母足够的爱护和关心，我在学校也不能和其他同学和睦相处，经常和他们吵架。父母每次到学校开完家长会，就是另一场新的战争的开始。都说家庭对一个人性格的形成具有重要的影响，这句话是没有错的。

春节到了，学校放假四天，一想到这四天都要在家里面对时常争吵的父母，我选择待在学校，不回家。到了晚上，我一个人站在走廊，看着校园的灯火，吹着晚风，却开始想家了。我该怎么办？到底要不要回去？

好了，就写到这里，希望主持人和听众朋友能给我一些建议。

第四课

听力一

录音一

M：你好！请问去中文教室怎么走？
F：从这里直走，你会看到红色的大楼，所有的中文教室都在那座楼。
M：我要去第二语言中文教室，具体应该去几楼呢？
F：上七楼，教室外面有京剧脸谱，很好找。

录音二

M：同学们好！今天的中文作业很简单，请大家先复习一下课文，然后把课文朗读三遍，记得录音，发到微信上。老师会在星期天下午三点开始检查作业，朗读错误的字，一个字抄五遍，切记。请认真完成作业。祝大家好运！

录音三

M：你最近中文课上得怎么样？
F：我的中文老师很有趣，每天带着我们玩儿游戏，我们都在游戏中学习，这个周末她还要带我们去中文城学汉字呢。
M：真的吗？我可以报名参加吗？
F：不好意思，只有我们班的同学才可以去。
M：没关系，我去找我的中文老师，请求她也带我们去。
F：好的，祝你好运！

录音四

M：观众朋友们，大家好！现在播报新闻！为鼓励中文能力较弱的学生多讲中文，香港新华小学的李老师制作句卡让学生带回家朗读给父母听。谈及这项计划的目的，李老师说："学习语言的关键是让孩子有成就感而不是挫败感，目的是鼓励学生多说中文。"

录音五

F：听众朋友们，早上好！欢迎关注2021年《与声剧来》中文广播剧创作比赛。此次比赛由华文学习推广委员会主办，目的是提高学生学习华文的兴趣，鼓励学生进行中文广播剧创作。参赛作品可以采用以下任意一个创作主题：校园生活、我最喜欢的一节中文课、我最喜欢的一部作品。请大家在2021年12月8日前将参赛作品通过电邮发给华文学习推广委员会。

录音六

M：今天我在国家图书馆看到一本《写字练习本》。
F：小丁，现在科技发达了，轻轻一点，你要的中文字就立刻出现在眼前。谁还写字？
M：但是，你有没有发现，没有电脑的时候，要写的字，想不起来，想起来又写不出来。不知道是不是因为我们过于依赖科技产品。
F：可是写字也太无聊了。
M：不会无聊的，通过《写字练习本》，学生可以了解不少生活常识。
F：问题是我们学习都很忙，哪有时间练习写字？
M：如果能花一点儿时间练习写字，不但会增加学习中文的热情，还会慢慢喜欢上中国文化，更是一种艺术的享受呢！
F：说起来容易，做起来难！

听力二

学习中文的外国人一定想知道，为什么中国人使用汉字而不用拼音字母呢？这要说到中国汉字的发展史，不管哪一种文字，最早都是从图画开始的。由于口头语言受时间和空间的限制，人们就产生了把自己的话记录下来的想法。比较容易的办法就是画图。可是，并不是每个人都会画画，那怎么办呢？人们就把图画简化，变成了线条。这样，画出来的图就越来越不像画了，反而变成了一种符号，这就是象形字。另外，因为汉语在语法上没有词形变化，所以汉字比拼音字母更适合汉语的表达。这就是为什么中国人不用拼音字母，而一直使用汉字的原因。

很多外国人说，汉字比拼音字母难。其实这话说得不对，如果他们知道汉字是怎么造出来的，知道汉字的规律，就不会这么认为了。古代中国人造字主要有以下四种方法：

一、象形，就是从图画发展来的。如"月亮"的"月"，看起来就像月亮。

二、指事，就是用象征的办法来表示意思。比如"天空"的"天"，一横在人的头上，表示天。

三、会意，就是把几个字合起来，形成新的意思。比如"休息"的"休"，就是人在树下，表示休息。

四、形声，就是把表示意思的形旁和代表发音的声旁合在一起。比如"骂人"的"骂"，"口"是形旁，表示和嘴巴有关系，"马"是声旁，表示发音。

有人说英文只有 26 个字母，很好写，汉字太难写。这样说也不对，因为字母并不是词，而汉字在古代是词，现在仍然差不多每个字都有意义。所以字母不能跟汉字相比。汉字是由笔画组成的，字母实际上跟笔画差不多。汉字笔画的数量跟英文字母相近，不同的是，英文一个字母一个字母地从左向右写成一个长条，汉字要上下左右地写成一个方块。当然，有的汉字笔画很多，确实比较难写。但现在中国对一部分难写的汉字进行了简化，简化后的汉字称为简体字，原来的汉字叫繁体字。简体字有利于初学者学习，也有利于提高广大人民的文化水平，因此深受大家欢迎。

第五课

听力一

每一种语言，都是一种身份的认同。当你讲着同一种语言时，你会觉得自己属于这个语言的群体，而且很有安全感。但是每个集体，都有一个边界，这个边界把一些人包含在内，同时把一群人排除在外。

所以，想要融入一种新文化，最快的办法，是掌握他们的语言。比如，能流利地用中文交流的外国人，会很快赢得中国人的好感。反之，在美国生活了几十年却不能用英文交流的人，也容易受到歧视。

很多做生意的华人，不愿花力气去好好学英文，在他们看来，没有必要融入新文化。可是，一旦你要和本地人发生交集，讲英文会对你有很大的帮助。

文化差异是永远存在的，英文能在两种文化之间架起一座沟通的桥梁。我们常抱怨自己被歧视，却不喜欢自我反思：我的语言是否达到了流利的程度？我是否能在两种文化间熟练地表达自己？

俗话说"入乡随俗"。既然选择离开自己的祖国，来到了异国，就应该努力融入异国的语言文化，这对提升自身的生活质量是有益的。否则语言就是无情的围墙，隔离了你和当地人的交流。

其实在国内也一样。都是中国人，大家长相差异不明显，但一开口，口音就"出卖"了你，于是彼此就在心里分了高下。

歧视无所不在，而作为被歧视的一方，如何应对和减少歧视，除了抱怨，更需要积极主动的行动和努力。

听力二

在中国学习汉语的外国学生常常对这样一个事实感到奇怪，那就是中文老师教的普通话并不是中国各地广泛使用的语言。当地方言和口音的流行，使得大多数人在日常会话中很难讲标准的普通话。那么如果要去中国学习汉语，怎样才能学到标准的普通话呢？以下几个方法你可以试一下。

方法一：

去中国的大城市居住一段时间，练习你的普通话。例如，在北京和上海，尽管有当地的口音和方言存在，但来自不同省份的1000多万外地人必须说标准的普通话才能相互沟通。

方法二：

也可以到一些中国城市里的大学寻找短期课程。大多数大学生都会讲标准的普通话。选择好的大学不但可以帮助你找到练习口语的理想环境，而且在回国以后，还可以和他们继续联系，通过网络聊天练习普通话。

方法三：

可以找一些热门的景点去旅行，如云南的丽江、江苏的乌镇、厦门的鼓浪屿等。在这些旅游景点，你可以结识来自中国各地的人。他们的普通话虽然有口音，但也给你提供了练习听懂不同口音的好机会。讲一口标准的普通话虽然很重要，但听懂和适应不同口音的普通话也很重要。

注意事项：

有些人会选择台湾、香港作为学习中文的热门地点。但需要注意这两个地方的书面文字是繁体中文，与中国内地的简体字有很大不同。台湾的国语和中国内地的普通话比较接近，但台湾的口音往往更柔和。

还要注意中国的一些方言，如广东话、上海话和闽南话，与普通话非常不同，就算会讲一口流利的普通话，对你理解这些方言也没有多大帮助。

第六课

听力一

据新加坡《联合早报》报道，当地时间10月22日，新加坡总理李显龙在"讲华语运动"40周年庆典上指出，新加坡的双语优势正在减弱，新加坡人要加倍努力学习华语，把华语融入到日常生活中，必须想方设法保持新加坡华语的活力和独特之处。

他说："目前，大多数的年轻人都听得懂华语，也会讲华语，但说得不太流利。我们必须清楚地认识到，新加坡的双语优势正在相对减弱。世界各地的人正在积极学习华语，并且有不少人能说一口流利的华语。他们都知道，如果要在中国工作，与中国人打交道，把握住中国发展所带来的商机，就必须学好华语。"

李显龙鼓励华人家长在家里多和孩子讲华语，让他们从小开始学习华语。

讲华语运动2019年的口号是"讲华语，我也可以"，主办方挑选出新加坡"双语专业达人"，通过他们在中国闯荡，并掌握双语、双文化的故事，激励新加坡华人敢于学习和使用华语。

新加坡政府为了鼓励年轻人学习华语，专门请李显龙总理亲自出来做宣传，可见国家对讲华语运动的重视程度很高。这样的宣传肯定能说服很多年轻人学习华语。不过，我们也应该看到，新加坡年轻一代学习华语虽然有一定的双语基础，但是也面临着很多挑战，比如日常生活中缺乏使用华语的环境和机会。另外，新加坡人对自己的华语水平也缺乏信心。

听力二

老人花钱买不适
2021年4月4日王小新报道

今天，杭州的一位老人到警察局报案，说他被骗了11000元，希望警察帮他把钱找回来。老人说，一个假装是"社区家园"的工作人员向他推销了一种能"治百病"的营养品，他花钱购买后，吃了一段时间，身体不但不见好，反而出现了问题。

警方通过调查发现，"社区家园"的工作人员到街上寻找老人，先发免费送礼的宣传单，以"社区家园"的名义骗老人说他们与当地居委会合作，吸引老人到他们所在的地方听免费的"健康讲座"。然后，他们每天给老人免费送大米和小礼品，假装关心他们，还不时为老人举办生日晚会等"关爱"活动，取得老人的欢心和信任。"社区家园"发现老人信任他们之后，就开始宣传他们的产品是多么好用，让老人花大价钱购买。

根据调查，大部分的受害者都是"独居老人"。一些老人由于没有子女亲人在身边，没有人关心，一旦有外人给予关怀和温暖，就很容易被打动，产生信任和感情。也正因为如此，他们往往自愿给对自己好的人花大价钱。一些老人在发现上当受骗后很后悔，但他们不敢告诉家人。有一位87岁的老婆婆，本身没有收入，靠女儿生活，被骗后，因为担心被女儿骂，不敢回家睡觉，而在邻居家过夜。

这些骗子就是利用老年人身体不好、渴望健康的心理，开设健康讲座，而老年人知识水平不高，分不清好坏，通常别人说什么就信什么，因而老年人，特别是独居老人，很容易成为骗子的主要目标。

警方提醒广大市民，多关心家中老人，让他们感受到家庭的温暖和社会的关爱，引导他们培养科学健康的生活方式。广大老年人也要增强自我保护意识，不要轻易被骗子的花言巧语和宣传所骗。

第七课

听力一

F：你好，林景飞！你守护长城多久了？

M：我从1978年就开始守护长城，至今已经四十四个年头了。很多人叫我长城的"活地图"，实际上，我真正的身份是一名长城保护员。

F：你在大学学的是什么专业？和保护长城有关系吗？

M：我父亲想让我做医生，可是我对文物保护有兴趣。所以，刚上大学的时候，我学的是医学，读到第二学期，我意识到文物古迹才是我真正喜欢和想学的，最后就转到考古系，学文物保护。

F：能说说你的主要工作是什么吗？

M：每天会沿着长城边查看，及时发现长城是否有被破坏，对有裂缝的城墙要进行拍照和处理。我们每人要守护二十余公里的长城，来回要走四十多公里的山路。不管是刮风还是下雨，我们都会出去守护长城。

F：为什么要守护长城呢？

M：长城是中华民族自强不屈、珍爱和平的精神象征，也是中华民族的文化遗产。长城的修建跨越十二个时代，总长度超过两万一千公里，是人类历史上最宏伟壮丽的建筑奇迹和文化景观。关注长城保护，有助于了解传统文化。守护长城是每一个中国人的责任与义务。

F：你觉得你的工作辛苦吗？

M：虽然每天风吹日晒，但是长城已经变成了我生活的一部分。每天走在长城上感觉都不一样，我看到的墙，摸着的砖，都已经成了自己的老朋友。长城有生命，我能跟它对话。只要一跟它说话，心里就踏实了。

F：作为长城守护者，你最大的收获是什么？

M：这些年的工作锻炼了我的韧性、毅力，让我变得更加坚强了。每次登上长城都会有种自我解放的感觉，我深深地被长城精神所感染。

F：在守护长城的时候，会碰到一些不文明的现象吗？

M：不文明的现象很多，比如有些人会在石头上刻上："某某某到此一游"。这是让人最心痛的，因为长城上的每一块石头都是中国古代人民靠手一点点地搬上去的，非常辛苦。

F：作为一名长城守护者，你最期待的是什么？

M：长城是我们国家的象征和骄傲。同时，长城的旅游开发可以拉动经济增长，也能让老百姓过上好日子。守护长城虽然辛苦，但意义重大！我现在经常带着我的儿子和孙子走长城，让他们都熟悉熟悉。等我走不动了，希望孩子们能把这份事业传承下去。

听力二

观众朋友们好，欢迎收看每周六的《我来说一句》，今天我们要关注的是风景名胜。每年五一劳动节和国庆节，老百姓都会到各地的风景名胜去参观游玩。据统计，全国各地的景区在这两个节假日就迎来成千上万的游客。看到经济收入的增加，人们更是想方设法扩大对风景名胜的开发，这对风景名胜到底是利是弊呢？我们来采访一些游客。

主持人：你们好！你们四位对开发风景名胜这件事怎么看呢？

游客1：随着旅游业的发展，很多地区都对风景名胜进行了开发，这为风景名胜的发展带来生机和活力，增加了当地的收入，使当地有更多的资金来对风景名胜进行维修和改造。

游客2：我觉得不好，风景名胜应该以自然美为主，而不是为了游客游览，人为地制造出一些景点。这些人造景点不仅破坏美感，还会给生态环境造成污染和损害。

游客3：我也觉得不好，过度开发风景名胜，会破坏视觉美感，比如在风景区内修公路、建酒店的时候会砍树开山，这将破坏很多植物，使自然资源遭到破坏，而且这些建筑和自然景观不和谐，也破坏了美感。

游客4：大量的游客进入风景名胜区，会干扰野生动物的生活环境，同时造成大气污染、水污染、噪音污染等。很多游客的不文明行为，比如乱扔垃圾、踩草地等都会影响风景名胜区内植物的生长。

主持人：那么你们对保护风景名胜有什么建议吗？

游客1：可以改善交通，缩短游客在景区的时间，也可以限制游客的数量，减轻景区的压力。

游客2：可以加强对公众的教育，通过宣传教育来提高公众的环境保护意识。

游客3：在规划景区的时候，要考虑到建筑物和自然保护区的协调，尽可能不要破坏自然环境，也还给动物一个安静的生存空间。

游客4：可以考虑让住在景区的居民搬出景区，这样可以缓解景区的压力。

第八课

听力一

F：陈小皇局长，您好！中国的五一黄金周就要到了，今年您估计会有多少人出国旅行呢？

M：现在人民的生活水平提高了，出国旅游的人也多了，今年估计会有2.46亿人出国旅行。

F：不会吧！

M：中国人喜欢出国旅游是想去其他国家体验异国风情，走出家门去看看这世界的美好。不同的国度，不同的种族，让出国游充满了新奇感。当然，也有很多人出国是为了买东西，享受美食。

F：你认为旅游时要注意什么？

M：旅游过程中要注意饮食和交通安全；行程中避免单独行动。旅程中尽量使用信用卡，不要带大量现金。旅行不管是去看美景，还是去买东西，都要在享受旅途的同时，做一名合格的游客，要做到文明旅游。

F：什么意思？

M：出国旅游，代表的是一个国家人民的形象，要时刻注意自己的行为。所以文明旅游很重要。它包括旅行时不大声说话，不乱扔垃圾，不到处乱写乱画。特别是拍照的时候，要先经过人家的同意。另外，不要在危险地段拍摄，要注意安全。

F：旅游局在文明旅游方面会做哪些宣传呢？

M：通常我们会要求每个导游在出国旅游之前，对游客进行文明教育。也会发一些宣传单给游客，或在旅游网站上放一些标语，时刻提醒游客出国要注意文明旅行。

F：这样也可以？

M：有用，最明显的改变就是乱丢垃圾的习惯，以前看到游客教育孩子不要乱丢垃圾时，只是简单地说一句，"垃圾要丢进垃圾桶哟"，或者父母自己捡起来。而现在看到更多的是，父母告诉孩子，"宝宝，自己把垃圾捡起来丢进垃圾桶里，阿姨们打扫卫生也很辛苦的"。哪怕是很小的孩子，父母都让孩子自己动手丢垃圾。另外，看到孩子调皮，多拿了宣传单，也不需要我们提醒，父母就会教育孩子，不要多拿，这样是浪费。"父母是孩子最好的老师"这话说得真好，每一件小事都是文明旅游进步的体现。

F：除了对旅客进行文明教育外，在服务国内游客方面你们都会做什么？

M：在国内，我们也进行文明教育，同时注意改善旅游环境。比如我们会要求每个景点设立游客咨询服务台、教育宣传广告屏、吸烟室，以及提供雨伞、热水等服务。今年五一，游客到不同景点旅游一定会感到非常舒适。为了实现文明旅游，我们要求各个景区控制门票数量，通过网络订票，每日限量两万张，避免游客太多，影响旅游体验。

听力二

随着生活水平的提高，人们对旅游体验的要求越来越高。最近在人群中悄悄流行起了一些旅游新方式：旅居、慢游、自驾游……这些你都听过吗？想要去体验吗？

今天就和大家聊聊正在悄悄流行的旅游新方式。

旅游新方式一：旅居

什么是旅居？简单地说，就是在旅游的同时花更长的时间在当地居住，以一种新的生活方式在远方安家。相对于走马观花式的旅游，旅居更加适合中老年朋友。游客不用赶时间，可以在一个城市停下来慢慢感受。哪里舒服就住哪里，花上半个月或一个月的时间，看风景、尝美食，自由自在，既能健康养生，安心养老，又可以出门游玩，开阔视野。

旅游新方式二：慢游

慢游，也就是像蜗牛一样慢慢地走，以徒步的方式，"走进"世界各地的风景中，而非快速地观光。若有很多属于自己的时间，完全可以约上几位朋友去慢游，放慢脚步，用身心感受当地的美好。也可以与一群知交老友们，买一块地，建立俱乐部，有共同的书房、食堂，还有活动场地，能够每天一起做饭、吃饭、洗衣等，增加人与人交流和接触的机会。人活着，最幸福的事情莫过于和爱人、最好的朋友一起慢慢变老。

旅游新方式三：自驾游

现在很多人喜欢开车外出旅行，体验时尚的旅游方式。自己开车旅行，基本上就是想走就走，想停就停，非常自由，所以很受自由行人群的欢迎。游客不用担心在路上浪费太多时间，也不用担心错过了想看的风景。计划好出行路线，订好住处，就可以出发了。

目前很多朋友都爱选择自驾游，一路上风景优美，自由自在。但不是每一个人都适合这种方式，旅途上可能会碰到一些困难，一定要根据自己的身体状况决定是否进行自驾游！

第九课

听力一

　　每逢放假，我都会回到农村的家里住上几天。早晨的时候，我会和朋友一起去田里跑跑步，因为农村早晨的空气特别新鲜，而且在田间跑步，你从来不会感觉到拥挤。在农村，每个人都很辛苦地种地，尽管每天忙忙碌碌，但他们总是很开心，好像没有什么烦恼似的。就是这样的心态感染了我，使我很喜欢在农村生活，喜欢农村的大树，喜欢农村的鸟语花香，喜欢自己曾经走过的一条条乡间小路。

　　农村人是以种地为生的，每年都是春天播种，秋天收获。农村人的院子里会种一些瓜果和蔬菜，平时要吃的话，马上就可以摘下来，不用出去买。这样既省钱又方便，而且还很健康。冬天的时候，他们会晒点菜干过冬，最常晒的菜干是土豆、萝卜、白菜等。

　　在农村，人们如果不种地的话，就去城里打工赚钱，过几个月回家和亲戚朋友一块儿打打麻将，喝喝小酒，生活也是美滋滋的！如果天气好，出太阳的话，人们通常会搬个椅子在家门口晒晒太阳，喝喝茶，吃吃瓜子。不一会儿，就会有好多人聚集在一起，聊聊天儿，说说八卦。要是天冷不想出门的话，就往床上一钻，一边吃瓜子一边看电视节目，非常舒服。这是我最喜欢在农村生活的原因，人与人之间有亲切感，一点儿也不陌生。

　　虽然农村不如城市那么繁华，但是农村比城市多了一份安静，这是城市人特别向往的。很多农村人总是想到大城市去奋斗，希望不久的将来，在城市里能拥有一个属于自己的家，让自己的下一代享受良好的教育。然而，在我看来，农村还是最美丽的地方！农村的天空永远是干净的，像湖水一样清澈。因为这里没有工厂排出的废气，也没有汽车尾气，更适合人类居住。很多城里人都想在郊区买一套属于自己的房子，在房子四周种上树木花草，因为他们想要感受在农村居住才能拥有的清新的空气和安静的环境。与其这样，还不如一开始就不要离开农村生活呢。

听力二

尊敬的编辑：

　　您好！我是一名从乡村考入北京的大学生。过去的几年，我努力读书，终于考上了北京大学。来北京之前，乡村里的人都说，一定要去城里看看，那里是天堂。大学毕业后，我在北京找到了工作，并且住了下来。我本以为可以过上好日子，可是，事实并非如此，我觉得很失望，因为我不但没有体会到城市生活的美好，反而觉得自己失去了很多。

　　首先，在城市生活，我的身体开始出现健康隐患。随着私家车数量的增加，空气污染已成为在大城市生活的一个不可忽视的问题。另外，城市也改变了我的生活方式。由于职场竞争激烈，工作压力大，我不得不从早工作到晚，有时候还要加班到半夜，我觉得好累呀！而且这种生活方式是不健康的，长期如此一定会伤害身体。

　　其次，由于房价太高，我只能在离市中心很远的地方租房子。我每天来回要花四个小时坐公交车和地铁。每天奔波劳累，使我失去了快乐。辛辛苦苦赚的钱，在这个城市根本无法买一套房子。生活压力这么大，让我觉得很无助。

　　在城市里呆久了，我内心的世界变得越来越小，情感也越来越淡漠。我自己都顾不了自己，怎么有时间和精力去关心他人或者去参加什么社区活动呢？

　　在城市中生活，我们到底失去了什么呢？我认为我们失去了真正的快乐，失去了生活中真正有价值的东西，而我们拥有的恰恰是城市生活给我们带来的痛苦和烦恼。

　　我实际上已经变成了生活的奴隶。我开始反省自己，我觉得只要拥有简单的生活就好，也许回到乡村生活才是我应该做的决定。

王军

2021年11月1日

# FUTURE

Coursebook 1

责任编辑　郭　杨
书籍设计　吴丹娜
排　　版　向文强

扫描二维码或登录网站 www.chinesemadeeasy.com/future1 聆听录音。
Scan the QR code or log in to listen to the recording.

书　名	展望 —— IGCSE 0523 & IBDP 中文 B SL（课本一）（简体版）
	Future - IGCSE 0523 & IBDP Chinese B SL (Coursebook 1) (Simplified Character Version)
编　著	吴星华
出　版	三联书店（香港）有限公司
	香港北角英皇道 499 号北角工业大厦 20 楼
	Joint Publishing (H.K.) Co., Ltd.
	20/F., North Point Industrial Building,
	499 King's Road, North Point, Hong Kong
香港发行	香港联合书刊物流有限公司
	香港新界荃湾德士古道 220-248 号 16 楼
印　刷	宝华数码印刷有限公司
	香港柴湾吉胜街 45 号 4 楼 A 室
版　次	2020 年 12 月香港第一版第一次印刷
规　格	大 16 开（215 × 278 mm）248 面
国际书号	ISBN 978-962-04-4703-7

©2020 Joint Publishing (H.K.) Co., Ltd.
Published & Printed in Hong Kong

封面图片 ©2020 站酷海洛
部分内文图片 ©2020 站酷海洛
pp.8,14,18,30,36,41,52,60,114,165,169,180,187,191,204
部分内文图片 ©2020 有礼有节
pp.158

All rights reserved. No part of this book may be reproduced, stored in a retrieval system, or transmitted, in any form or by any means, electronic, mechanical, photocopying, recording or otherwise, without prior permission in writing from the publisher. E-mail: publish@jointpublishing.com

This work has been developed independently and is not endorsed by the International Baccalaureate Organization.